Lena Maier EF

W0294763

deutsch.kompetent

Vertiefungskurs

Stefan Schäfer

Ernst Klett Verlag
Stuttgart · Leipzig

Bildquellen:

Cover vorn links: Mauritius Images (Uwe Umstätter), Mittenwald; **Mitte:** Klett-Archiv (Holger Hill, Reutlingen), Stuttgart; **rechts:** shutterstock (Dean Mitchell), New York, NY; **Cover hinten links:** Corbis (Peter M. Fisher), Düsseldorf; **Mitte:** Getty Images (Stock4B), München; **rechts:** Getty Images (Alex and Laila), München; **S. 29:** Kasang, Dieter, Hamburg; **S. 48:** Corbis (Christie 1s Images), Düsseldorf; **S. 72:** AKG, Berlin; **S. 73:** Google Inc., Mountain View, CA 94043, USA

Textquellen:

S. 13 f.: Johannes Boie: Der Abfuck der Opferkinder, aus: SZ vom 16.06.2009/bey, http://www.sueddeutsche.de/kultur/653/472180/text/ vom 16.06.2009, 12:46; **S. 18 f.:** Ralph Erich Schmidt: Die Mühen der Frauen mit der Mathematik – Negative Vorurteile beeinträchtigen die Leistungsfähigkeit, aus: Neue Zürcher Zeitung vom 23. März 2005. Zitiert nach: www.lssfb.ch/download/NZZ_Frauen_Stereotype.pdf; **S. 24:** Gottfried Honnefelder: Kultur braucht Auswahl, aus: Kulturchronik 6, 1996, S. 18 f.; **S. 31:** Dieter Kasang: Zum Diagramm „Veränderung der globalen Mitteltemperatur 1860–2008", aus: http://www.hamburger-bildungsserver.de/index.phtml?site=themen.klima; **S. 32:** Johann Peter Hebel: Unverhofftes Wiedersehen, aus: Johann Peter Hebel, Schatzkästlein des Rheinischen Hausfreundes, München: Winkler Verlag 1961, S. 252 ff.; **S. 41:** Max Frisch: Biedermann und die Brandstifter, Ein Lehrstück ohne Lehre, aus: Max Frisch, Stücke II, Frankfurt a.M.: Suhrkamp Verlag 1974, S. 84 f.; **S. 48:** Clemens Brentano: Der Spinnerin Nachtlied, aus: Clemens Brentano, Gedichte, hrsg. von Wolfgang Frühwald u. a., München: Hanser Verlag 1968, S. 131; **S. 69:** Marie Luise Kaschnitz: Das letzte Buch, aus: Marie Luise Kaschnitz, Steht noch dahin. Neue Prosa, Frankfurt: Insel Verlag 1980, S. 26; **S. 73 f.:** Stichwort „Schnitzler", in: Harenbergs Lexikon der Weltliteratur. Autoren – Werke – Begriffe. Bd. 5 San–Z. Dortmund: Harenberg Lexikon-Verlag 1989, S. 2593 f.; **S. 76:** Kurt Tucholsky: Ratschläge für einen schlechten Redner, aus: Kurt Tucholsky, Gesammelte Werke in 10 Bänden, hrsg. v. Mary Gerold-Tucholsky und Fritz Raddatz, Hamburg: Rowohlt 1989, Bd. 8, S. 290 f.

1. Auflage 1 6 5 4 3 2 | 17 16 15 14 13

Alle Drucke dieser Auflage sind unverändert und können im Unterricht nebeneinander verwendet werden.
Die letzte Zahl bezeichnet das Jahr des Druckes.

Autor: Stefan Schäfer, Rheinfelden
Redaktion: Ursula Schwarz
Herstellung: Carina Riehl

Umschlaggestaltung und Layout: one pm, Petra Michel, Stuttgart
Satz: Büro für typographische Dienstleistungen Markus Schmitz, Altenberge
Reproduktion: Meyle und Müller Medienmanagement, Pforzheim
Druck: Druckhaus Götz GmbH, Ludwigsburg

Printed in Germany
ISBN 978-3-12-310044-4

9 783123 100444

Vorwort

Liebe Schülerin, lieber Schüler,

mit diesem Heft können Sie **alle wichtigen Kompetenzen**, die Sie **für die Oberstufe** im Fach Deutsch benötigen, erarbeiten und festigen.

Das Heft setzt ein mit sechs kurzen **Diagnosetests**. Mit ihrer Hilfe können Sie schnell herausfinden, in welchen Bereichen Sie den größten Vertiefungsbedarf haben.

Der Einstieg in den eigentlichen Arbeitsteil beginnt mit einem Kapitel, in dem noch einmal die grundlegenden Lese- und Texterschließungsstrategien vorgestellt werden. In den folgenden Kapiteln können Sie dann die wichtigsten **Aufsatzformen** zu den verschiedenen Sach- und literarischen Texten selbstständig erarbeiten. Alle Sachtexte und literarischen Texte werden mit denselben Arbeitsschritten erschlossen, damit Sie sich eine systematische Vorgehensweise angewöhnen. Die Kapitel zur Analyse der literarischen Texte enthalten ein **Glossar,** das die jeweiligen Fachbegriffe einfach und anschaulich erklärt. Eventuell vorhandene Wissenslücken lassen sich so leicht schließen.

Zwei Kapitel bieten Aufgaben zu häufigen Fehlerquellen in den Bereichen **Rechtschreibung** und **Grammatik/Stil.**

Vier **Checklisten** bilden den Abschluss des Heftes. Eine fasst zusammen, wie sich generell Texte erschließen lassen. Drei Grafiken zeigen Ihnen in übersichtlicher Form alle wichtigen Arbeitsschritte bei den Aufsatzformen: Sachtextuntersuchung, Sachtexterörterung und Analyse literarischer Texte. So haben Sie das richtige Vorgehen immer rasch zur Hand.

Zu allen Kapiteln sind über einen Online-Link **weitere Arbeitsblätter** mit Aufgaben abrufbar.

Lösungen bzw. Lösungshinweise finden sich im beiliegenden **Lösungsheft**. Die Lösungen erlauben Ihnen, Ihre Arbeit eigenständig zu überprüfen.

Viel Erfolg bei der Arbeit mit unserem Heft.

Stefan Schäfer

Inhalt

Sachtexte untersuchen und erörtern

1. Welche Aussagen über das Schreiben einer Sachtextanalyse treffen zu? Kreuzen Sie die richtigen Antworten an.

- ☐ **a** In der Einleitung zu einer Sachtextanalyse sollte gegebenenfalls auch angegeben werden, welche zusätzlichen Materialien (z. B. Diagramme) zu dem Text gehören.
- ☐ **b** Wenn zum Text zusätzliche Materialien gehören, müssen diese im Hauptteil dann genau beschrieben werden.
- ☐ **c** Im Hauptteil einer Sachtextanalyse muss nicht nur der Textaufbau erläutert, sondern auch die sprachliche Gestaltung des Textes beschrieben werden.
- ☐ **d** Im Schlussteil sollte man unbedingt die im Text dargestellten Sachverhalte kritisch bewerten.

2. Welche Aussagen über den Aufbau von Argumenten bzw. Argumentarten treffen zu? Kreuzen Sie die richtigen Antworten an.

- ☐ **a** Eine Argumentation besteht zumindest aus der These (also z. B. einer Forderung) und ihrer Begründung (d. h. dem Argument).
- ☐ **b** Beispiele in einer Argumentation haben ausschließlich illustrativen Charakter (d. h., sie dienen dem besseren Verständnis und der Anschaulichkeit).
- ☐ **c** Beispiele für ein Argument können unter anderem Ergebnisse wissenschaftlicher Untersuchungen oder allgemeine sowie persönliche Erfahrungen sein.
- ☐ **d** Unter einem „Autoritätsargument" versteht man ein Argument, das von allgemein anerkannten Experten vorgebracht wird.

3. Vervollständigen Sie sinngemäß die Aussage über den Aufbau von textgebundenen Erörterungen.

Die textgebundene Erörterung gibt zu Beginn des Hauptteils ______________________________

______________________________ wieder.

Auswertung

Bewerten Sie mit Hilfe des Lösungsteils Ihre Ergebnisse. Wenn Sie nicht alles richtig haben, bearbeiten Sie die angegebenen Seiten.

Aufgabe	*Ergebnis*		*empfohlene Seiten zur Weiterarbeit*
1	☐ alles richtig	☐ nicht alles richtig	Seite 18–31
2	☐ alles richtig	☐ nicht alles richtig	Seite 18–31
3	☐ alles richtig	☐ nicht alles richtig	Seite 18–31

Prosatexte untersuchen

1. Welche Aussagen über das Schreiben einer Prosatextanalyse treffen zu? Kreuzen Sie die richtigen Antworten an.
   - ☐ **a** Neben den wichtigsten Figuren sollten auch Ort und Zeit des Geschehens genannt werden.
   - ☐ **b** Die Zusammenfassung des Geschehens sollte, wenn möglich, dem Textverlauf entsprechen.
   - ☐ **c** Die Zusammenfassung des Geschehens erfolgt stets in demselben Tempus, das auch im literarischen Text verwendet wird.
   - ☐ **d** Der Schlussteil sollte eine persönliche Stellungnahme enthalten.

2. Erläutern Sie (gegebenenfalls an einem Beispiel), was man unter direkter und indirekter Charakterisierung versteht.

   ____

   ____

3. Ordnen Sie die verschiedenen Formen des Erzählverhaltens der passenden Beschreibung zu.

   auktoriales (allwissendes) Erzählen | personales Erzählen | neutrales Erzählen

   a Erzähler scheint ganz zu verschwinden: ______________________________

   b Erzähler hat einen Überblick über das Geschehen: ______________________________

   c Erzähler übernimmt eine Figurenperspektive: ______________________________

4. Benennen Sie stichwortartig die wichtigsten Merkmale der folgenden epischen Genres.

   a Kurzgeschichte: ______________________________

   ____

   b Novelle: ______________________________

   ____

Auswertung

Bewerten Sie mit Hilfe des Lösungsteils Ihre Ergebnisse. Wenn Sie nicht alles richtig haben, bearbeiten Sie die angegebenen Seiten.

Aufgabe	*Ergebnis*		*empfohlene Seiten zur Weiterarbeit*
1	☐ alles richtig	☐ nicht alles richtig	Seite 32–40
2	☐ alles richtig	☐ nicht alles richtig	Seite 32–40
3	☐ alles richtig	☐ nicht alles richtig	Seite 32–40
4	☐ alles richtig	☐ nicht alles richtig	Seite 32–40

Dramatische Texte untersuchen

1. Welche Aussagen über Dramentexte treffen zu? Kreuzen Sie die richtigen Antworten an.

☐ **a** Als Figurenrede kommen im Drama sowohl Dialoge als auch Monologe vor.

☐ **b** Regieanweisungen enthalten in der Regel zwar Hinweise zum Ort und zur Zeit des Geschehens, machen aber keine Angaben zum Verhalten der Figuren.

☐ **c** Der dramatische Konflikt einer szenischen Handlung entsteht immer durch einen inneren Zwiespalt/einen Gewissenskonflikt des Helden bzw. der Heldin.

☐ **d** Szenische Texte sind immer in fünf Akte eingeteilt.

☐ **e** Szenische Texte sind in der Regel in Akte und Szenen (bzw. Aufzüge und Auftritte) unterteilt.

2. Vervollständigen Sie die Aussagen über das Fünf-Akt-Schema des klassischen Dramas.

Katastrophe | Happy End | Exposition | Umschlagen der Handlung | retardierendes Moment | Vorgeschichte

a Im III. Akt wird das ______________________________ hin zum Ende dargestellt.

b Als ______________________________ bezeichnet man im IV. Akt die fallende Handlung, die mit einer Verzögerung der Lösung des dramatischen Konflikts verbunden ist.

c In der ______________________________ (I. Akt) wird der Zuschauer mit der Ausgangssituation, den Hauptfiguren, Ort und Zeit der Handlung genannt sowie der ______________________________ bekannt gemacht.

d Während es im V. Akt in der Tragödie zur ____________________ kommt, endet die Komödie mit einem ______________________________.

3. Welche Angaben enthalten Regieanweisungen in dramatischen Texten?

Auswertung

Bewerten Sie mit Hilfe des Lösungsteils Ihre Ergebnisse. Wenn Sie nicht alles richtig haben, bearbeiten Sie die angegebenen Seiten.

Aufgabe	*Ergebnis*		*empfohlene Seiten zur Weiterarbeit*
1	☐ alles richtig	☐ nicht alles richtig	Seite 41–47
2	☐ alles richtig	☐ nicht alles richtig	Seite 41–47
3	☐ alles richtig	☐ nicht alles richtig	Seite 41–47

Lyrische Texte untersuchen

1. Ordnen Sie den beiden Beschreibungen eine Gedichtform zu.

a Gedichtform, die meist aus vierzeiligen gereimten Strophen besteht und Themen von allgemein menschlichem Gehalt behandelt, häufig mit wiederkehrenden Wörtern oder Sätzen am Ende der Strophe.

Lied / Volkslied

b Gedichtform, die aus zwei vierzeiligen Strophen und zwei dreizeiligen Strophen besteht. Inhaltlich werden oft Gegensätze und zugleich eine Entwicklung ausgedrückt.

Sonett

2. Nennen Sie drei Möglichkeiten, wie man zu einer Deutungshypothese eines Gedichtes kommen kann.

Möglichkeit 1: Entschlüsselung verschiedener Motive

Möglichkeit 2: Bezug des Gedichtstitels auf den lyrischen Text

Möglichkeit 3: Bewertung der inhaltlichen Erfahrung im Gedicht

3. Benennen Sie die rhetorische Figur/das sprachliche Bild bzw. beschreiben Sie die Besonderheit des Sprachgebrauchs.

a *mit Kind und Kegel:* Alliteration

b *messerscharfer Verstand:* Metapher

c *Sie waren traurig, betrugen sich heiter:* Antithese

d *ein Mann wie ein Bär:* Vergleich

Auswertung

Bewerten Sie mit Hilfe des Lösungsteils Ihre Ergebnisse. Wenn Sie nicht alles richtig haben, bearbeiten Sie die angegebenen Seiten.

Aufgabe	*Ergebnis*		*empfohlene Seiten zur Weiterarbeit*
1	☒ alles richtig	☐ nicht alles richtig	Seite 48–57
2	☐ alles richtig	☐ nicht alles richtig	Seite 48–57
3	☐ alles richtig	☐ nicht alles richtig	Seite 48–57

Rechtschreibung

1. Begründen Sie, weshalb in den Sätzen ein Komma stehen muss.

   a *Plötzlich kam ihm der Gedanke, noch einige Tage länger zu bleiben.*

   Begründung: ______________________________

   b *Er konnte in dieser Sache nicht anders handeln, als er es getan hatte.*

   Begründung: Nebensatz

2. Welche Aussagen über die Groß- und Kleinschreibung sowie die Getrennt- und Zusammenschreibung treffen zu? Kreuzen Sie die richtigen Antworten an.

- ☒ a Auch Wörter, die nicht zur Wortart Nomen gehören, werden großgeschrieben, wenn sie als Nomen gebraucht werden.
- ☐ b Verbverbindungen mit *lassen* und *bleiben* als zweitem Bestandteil können zusammengeschrieben werden, wenn die Verbindung eine übertragene Bedeutung hat.
- ☒ c Verbindungen aus zwei Adjektiven müssen zusammengeschrieben werden, wenn der erste Bestandteil bedeutungsverstärkend oder -vermindernd ist oder wenn die beiden Bestandteile gleichrangig sind.
- ☒ d Verbindungen mit einem Adjektiv als Grundwort werden zusammengeschrieben, wenn der erste Bestandtei mit einer Wortgruppe paraphrasierbar ist.

3. Welche Aussagen über das Zitieren treffen zu? Kreuzen Sie die richtigen Antworten an.

- ☐ a Längere Aussagen, die aus fremden Texten in eigene Arbeiten übernommen werden, müssen nur dann als Zitate gekennzeichnet werden, wenn sie nicht in einen eigenen Satz eingebaut sind.
- ☒ b Auslassungen in der Wiedergabe eines Zitats werden durch drei Pünktchen in (meist) eckigen Klammern gekennzeichnet.
- ☐ c Änderungen werden durch (meist) eckige Klammern gekennzeichnet. Änderungen, die die Rechtschreibung oder die reine Grammatik betreffen, müssen dagegen nicht gekennzeichnet werden.
- ☒ d Jedes Zitat in Referaten muss unter Angabe der Quelle (Name des Autors, Titel des Buches, Seiten- oder Zeilenangabe) erfolgen.

Auswertung

Bewerten Sie mit Hilfe des Lösungsteils Ihre Ergebnisse. Wenn Sie nicht alles richtig haben, bearbeiten Sie die angegebenen Seiten.

Aufgabe	*Ergebnis*		*empfohlene Seiten zur Weiterarbeit*
1	☐ alles richtig	☐ nicht alles richtig	Seite 58–61
2	☐ alles richtig	☐ nicht alles richtig	Seite 58–61
3	☐ alles richtig	☐ nicht alles richtig	Seite 58–61

Grammatik/Stil

1. Unterstreichen Sie in dem folgenden Satz den Hauptsatz. Bestimmen Sie anschließend, um welche Art von Adverbialsatz es sich bei den angegebenen Nebensätzen handelt.

   Wenn man jemanden sucht, der einem in einer schwierigen Situation weiterhelfen kann, muss man meist lange suchen, bis man jemanden findet, der dazu in der Lage ist.

   a *Wenn man jemanden sucht*
   ☐ Kausalsatz ☐ Temporalsatz ☐ Konditionalsatz ☐ Konsekutivsatz
   ☐ Konzessivsatz ☐ Modalsatz ☐ Finalsatz

   b *bis man jemanden findet*
   ☐ Kausalsatz ☐ Temporalsatz ☐ Konditionalsatz ☐ Konsekutivsatz
   ☐ Konzessivsatz ☐ Modalsatz ☐ Finalsatz

2. Kreuzen Sie an, ob es sich bei den Sätzen um Aktiv- oder Passivsätze handelt.

   a *Wir werden ins Museum gehen.* ☐ Aktivsatz ☐ Passivsatz
   b *Sie werden das wohl schon erledigt haben.* ☐ Aktivsatz ☐ Passivsatz
   c *Er wurde nach Moskau versetzt.* ☐ Aktivsatz ☐ Passivsatz
   d *Sie waren gesehen worden.* ☐ Aktivsatz ☐ Passivsatz
   e *Die Verträge sind unterschrieben.* ☐ Aktivsatz ☐ Passivsatz

3. Bestimmen Sie die Zeitformen (Tempora) der Verbformen in den Sätzen a) bis d).

   a ______________________ b ______________________

   c ______________________ d ______________________

4. Geben Sie die folgenden Sätze in indirekter Rede wieder. Achten Sie dabei auch auf die Zeitstufe.

   a *Paul sagte: „Wir werden ins Museum gehen.":* ______________________

   ____

   b *Paul sagte: „Die Verträge sind unterschrieben.":* ______________________

   ____

   c *Paul sagte: „Sie waren gesehen worden.":* ______________________

   ____

Auswertung

Bewerten Sie mit Hilfe des Lösungsteils Ihre Ergebnisse. Wenn Sie nicht alles richtig haben, bearbeiten Sie die angegebenen Seiten.

Aufgabe	*Ergebnis*		*empfohlene Seiten zur Weiterarbeit*
1	☐ alles richtig	☐ nicht alles richtig	Seite 62–69
2	☐ alles richtig	☐ nicht alles richtig	Seite 62–69
3	☐ alles richtig	☐ nicht alles richtig	Seite 62–69
4	☐ alles richtig	☐ nicht alles richtig	Seite 62–69

Kapitel 1: Arbeitstechniken zur Erschließung von Texten

1 Lesestrategien anwenden

1. Je nach Textsorte und Leseintention (Leseabsicht) wenden wir unterschiedliche Lesestrategien an. Lesen Sie die Beschreibung der verschiedenen Lesestrategien gründlich durch. Ordnen Sie anschließend jeder Lesestrategie die passende Lesesituation zu.

	Suchendes Lesen: Ermitteln von Zahlenangaben, Ort- und Zeitangaben, Wörtern bzw. Begriffen und Aussagen durch gezieltes Suchen in einem Text	Nachschlagen der Lebensdaten eines Dichters im Lexicon.	3
Deutsch	**Überfliegendes Lesen**: Erfassen der wesentlichen Textinformation durch Lektüre der Überschrift(en), einzelner Textpassagen und zentraler Begriffe	Überprüfen, ob ein Text wesentliche Informationen z.B. für ein Referat enthält	2
Deutsch	**Genaues Lesen**: Ermitteln von Einzelinformationen eines Textes, ohne dass eine detaillierte Aufgabenstellung vorgegeben ist	Auswerten eines Textes, dessen Inhalte z.B. für ein Referat wichtig sind.	5
Päda	**Erschließendes Lesen**: Über das genaue Lesen hinaus Bezüge zwischen verschiedenen Textaussagen herstellen und daraus gegebenenfalls Schlüsse ziehen	Einen Text in seinen Einzel- sowie seiner Gesamtaussage verstehen und die Intention des Autors klären wollen.	4
	Kritisches Lesen: Über das erschließende Lesen hinaus verborgene Textaussagen ermitteln („zwischen den Zeilen lesen") und prüfen, ob Sachverhalte falsch oder einseitig dargestellt werden	Schriftlich zu einem Text Stellung nehmen, z.B. in Form eines Leserbriefes oder einer Erörterung	1
Päda	**Wertendes Lesen**: Über das kritische Lesen hinaus eine eigene Position zum Text entwickeln und diese durch Bezug auf den Text darstellen	Aussagen eines Textes hinterfragen und die Intention des Autors bewerten	6

1 › Schriftlich zu einem Text Stellung nehmen, z. B. in Form eines Leserbriefs oder einer Erörterung

2 › Überprüfen, ob ein Text wesentliche Information z. B. für ein Referat enthält

3 › Nachschlagen der Lebensdaten eines Dichters in einem Lexikon

4 › Einen Text in seinen Einzel- sowie seiner Gesamtaussage verstehen und die Intention des Autors klären wollen

5 › ~~Auswerten eines Textes, dessen Inhalte z. B. für ein Referat wichtig sind~~

6 › Aussagen eines Textes hinterfragen und die Intention des Autors bewerten

2 Die Fünf-Schritt-Lesemethode

Um einen inhaltlich wie sprachlich anspruchsvollen Text zu erschließen, geht man am besten nach der Fünf-Schritt-Lesemethode vor, die alle wichtigen Techniken der Texterschließung umfasst. In der Praxis wird man dabei nicht immer alle Schritte durchlaufen bzw. alle Techniken anwenden.

INFO

Fünf-Schritt-Lesemethode

- **Arbeitsschritt 1:** Vorwissen aktivieren, sich einen inhaltlichen Überblick verschaffen
- **Arbeitsschritt 2:** Leseschwierigkeiten überwinden
- **Arbeitsschritt 3:** Textinhalt erschließen (z. B. Fragen an den Text stellen, Randnotizen und Textmarkierungen anbringen)
- **Arbeitsschritt 4:** Text- bzw. Inhaltsstruktur ermitteln
- **Arbeitsschritt 5:** Erschließungsergebnisse zusammenfassen, Text bewerten

1. Vorwissen aktivieren/Überblick verschaffen → **2.** Leseschwierigkeiten überwinden → **3.** Textinhalt erschließen → **4.** Text- bzw. Inhaltsstruktur ermitteln → **5.** Erschließungsergebnisse zusammenfassen

1a. Lesen Sie die Überschrift und den Einstieg in den nachfolgenden Text. Formulieren Sie anschließend Ihre Erwartungen an den Textinhalt. Lesen Sie dann den Text und stellen Sie fest, welche Ihrer Leseerwartungen erfüllt wurden und welche nicht. Notieren Sie abschließend in ein, zwei Sätzen, worum es in diesem Text geht.

JOHANNES BOIE

Der Abfuck der Opferkinder

Die ehrwürdige Duden-Redaktion beugt sich über die Jugendsprache. Heraus kommt ein neues Mitmachportal im Internet: Sprechen Sie Szenesprache?

Viele Politiker können jetzt aufatmen: Anders als erwartet hängt die Jugend nicht den ganzen Tag schweigend vor dem Bildschirm und zockt Killerspiele. Tatsächlich gibt es sogar Jugendliche, die miteinander reden. Zwar nicht immer in ganzen Sätzen, dafür aber mit äußerst kreativer Wortwahl.

Einen Schnappschuss der Jugendsprache präsentiert die Website szenesprachenwiki.de, die von der Duden-Redaktion und dem Beratungsunternehmen Hamburger Trendbüro erstellt wurde. Jugendliche können hier Begriffe aus ihrer Lebensrealität einstellen. Die ehrwürdige Redaktion des Duden prüft dann per Mausklick, ob „knötern" tatsächlich eine weiter verbreitete Substitution von „Sex haben" ist – oder eben nicht.

Dazu erheben die Sprachwächter ausgerechnet Google zur letzten Instanz: Taucht ein Begriff als Suchergebnis öfter auf, könne daran festgemacht werden, dass er mehr sei „als eine Spaßkonstruktion". So schreiben es zumindest die Duden-Redakteure auf der Internetseite, aus deren Inhalten sie bis Herbst ein Buch destillieren wollen: das „Neue Wörterbuch der Szenesprachen".

Beim Durchklicken der Neologismen fällt auf den ersten Blick auf, dass es nach wie vor Anglizismen sind, die die Jugendsprachen zu einem Großteil ausmachen. Sie können rudimentär eingedeutscht sein, wie zum Beispiel „nailen", also jemanden mit Fingernägeln kratzen, oder aber als englisches Wort bestehen bleiben, wie der „Leak" – das Veröffentlichen vertraulicher Dokumente.

Ein weiterer Erkenntnisgewinn beim Abchecken der Website: Die große Karriere des Präfixes „ab" ist bis heute nicht beendet. Erst ist der Jugendliche von heute beim „Abdancen" im Club anzutreffen. Nimmt er Drogen, die dann nicht wirken, folgt recht schnell der „Abfuck", also etwas, das einen enttäuscht. Wirkt die Pille hingegen, kann der Tänzer „abspacen", um später erschöpft „abzuchillen".

Manche Wörter auf der Website sind längst auch aus der Jugendkultur heraus in andere Welten abgewandert, andere sind eine echte Bereicherung für den Alltag: „Crackberry" bezeichnet die Sucht (von Crack) immer erreichbar zu sein (via Blackberry), „Bankster" sind die bösen Manager von der Börse, die sich fast wie Gangster mit Bonuszahlungen selber belohnt haben. Mit „youtuben", „googeln" und „twittern" sind Verben für längst alltägliche Handlungen entstanden, die alle auf Markennamen basieren.

Offen bleibt, ob die Seite selber zum Entstehen neuer Wörter beiträgt. Wer hier seinen Lieblings-Neologismus einträgt, hat sofort die vollständige Aufmerksamkeit der Duden-Redaktion. Niemals zuvor konnte irgendein „Opferkind“ (also ein Verlierertyp) Begriffe schneller in die Nähe der Druckreife katapultieren. Das ist, wenn man einmal darüber nachdenkt, vielleicht gar nicht mal so „geilomat“.

Worum es in diesem Text geht: ______________________

____

____

____

1. Vorwissen aktivieren/Überblick verschaffen → **2. Leseschwierigkeiten überwinden** → 3. Textinhalt erschließen → 4. Text- bzw. Inhaltsstruktur ermitteln → 5. Erschließungsergebnisse zusammenfassen

Leseschwierigkeiten können unbekannte bzw. schwierige Wörter (meist handelt es sich dabei um Fremdwörter) und/oder komplexe Satzgefüge sein.

INFO

Leseklippen überwinden

- **Unbekannte Wörter bzw. Fremdwörter** können Sie oft aus dem Textumfeld (dem Sinnzusammenhang) erschließen. Wenn das nicht gelingt, benutzen Sie ein Wörterbuch.
- **Schwierige Satzgefüge** lösen Sie am besten auf. Ermitteln Sie zunächst den Hauptsatz, dann die darauf bezogenen Aussagen. Die verschiedenen Teilsätze können Sie außerdem auf ihre zentralen Inhalte reduzieren.

2a. Lesen Sie noch einmal die Zeilen 27 bis 31 und erschließen Sie aus dem Textzusammenhang die Bedeutung des Wortes „rudimentär“.

Bedeutung des Wortes „rudimentär“: ______________________

2b. Kreuzen Sie an, was die folgenden Wörter im Textzusammenhang bedeuten. Benutzen Sie ein Wörterbuch, wenn nötig.

Substitution (Z. 16):	☐ Wahlmöglichkeit	☐ Ersetzung	☐ Versuch
destillieren (Z. 23):	☐ bestimmen	☐ erlangen	☐ in Auswahl erstellen
Neologismus (Z. 25, Z. 51):	☐ Wortneuschöpfung	☐ Wortzusammensetzung	☐ Wortableitung
Präfix (Z. 33):	☐ Umstandswort	☐ Vorsilbe	☐ Abwertungswort

2c. Lösen Sie den nachfolgenden Satz auf und bilden Sie aus ihm zwei oder drei Sätze desselben Inhalts.

Sie können rudimentär eingedeutscht sein, wie zum Beispiel „nailen“, also jemanden mit Fingernägeln kratzen, oder aber als englisches Wort bestehen bleiben, wie der „Leak“ – das Veröffentlichen vertraulicher Dokumente.

Bearbeitung: ______________________

____

____

1. Vorwissen aktivieren/Überblick verschaffen → 2. Leseschwierigkeiten überwinden → **3. Textinhalt erschließen** → 4. Text- bzw. Inhaltsstruktur ermitteln → 5. Erschließungsergebnisse zusammenfassen

Stellen Sie Fragen an den Text. Das wird Ihnen helfen, den Textinhalt besser zu verstehen. Gehen Sie dabei zunächst von Ihrer ersten Annäherung an den Text (Schritt 1 der Fünf-Schritt-Lesemethode) aus. Sie können dann gegebenenfalls im späteren Verlauf der Texterschließung erneut Fragen an den Text richten.

INFO

Fragen an den Text stellen

Mögliche Fragen können sein:

- **W-Fragen: Wer, wo, was, wann, wie, warum? (W-Fragen bieten sich vor allem bei Texten an, in denen es um konkrete Ereignisse geht.)**
- **Themenbezogene Fragen: Um welches Thema (Problem) geht es? Was sind die wichtigsten Aussagen dazu? Welche Begründungen werden für diese Aussagen gegeben? Welche Schlussfolgerungen zieht der Autor? Welche Absicht verfolgt der Autor?**

Beachten Sie, dass ein Text nicht unbedingt auf Ihre Fragen antworten muss. Enthält ein Text aber keine Antwort auf eine sinnvolle inhaltliche Frage, so ist dies auch ein wichtiges Erschließungsergebnis, das z. B. in einem Interpretationsaufsatz eine Rolle spielen kann: „Problematisch an der Argumentation ist schließlich, dass der Text auf die wichtige Frage, ob/wie . . ., keine Antwort gibt."

3a. In Aufgabe 1a. sollten Sie herausgefunden haben, dass die Duden-Redaktion ein neues Wörterbuch der Jugendsprache herausgeben möchte. Formulieren Sie ausgehend von diesem Ergebnis zwei themenbezogene Fragen an den Text und beantworten Sie diese stichwortartig. Halten Sie auch fest, wenn der Text keine oder nur eine unzureichende Antwort auf Ihre Fragen gibt.

Frage 1: ______________________________

Antwort: ______________________________

____

____

Frage 2: ______________________________

Antwort: ______________________________

____

In einem nächsten Schritt sollten Sie den Text bearbeiten, indem Sie wichtige Informationen markieren und hervorheben.

INFO

Text markieren

Wichtige Informationen können Sie so hervorheben:

- **Schlüsselwörter (d. h. für den Inhalt des Textes wichtige Begriffe) markieren**
- **Markierungen am Rand anbringen (Ausrufezeichen, Fragezeichen etc.)**
- **Verbindungen zwischen zusammengehörigen Textstellen mit Pfeilen einzeichnen**
- **Für die Argumentation unwichtigere Stellen mit Hilfe von runden Klammern einklammern**
- **Mit eckigen Klammern Gedankenabschnitte kennzeichnen (und anschließend nummerieren und/oder mit Pfeilen zueinander in Verbindung setzen)**
- **Wichtige Aussagen abschnittsweise stichwortartig in Randnotizen zusammenfassen**

3b. Markieren Sie zunächst die Schlüsselwörter des Textes. Achten Sie dabei auch auf die Häufigkeit, in der bestimmte Begriffe im Text vorkommen. Halten Sie anschließend stichwortartig für jeden Abschnitt seine Hauptaussagen fest.

Z. 4 bis 9: ____________________

Z. 10 bis 17: ____________________

Z. 18 bis 24: ____________________

Z. 25 bis 31: ____________________

Z. 32 bis 39: ____________________

Z. 40 bis 49: ____________________

Z. 50 bis 57: ____________________

1. Vorwissen aktivieren/Überblick verschaffen → 2. Leseschwierigkeiten überwinden → 3. Textinhalt erschließen → **4. Text- bzw. Inhaltsstruktur ermitteln** → 5. Erschließungsergebnisse zusammenfassen

Die Ermittlung der Text- bzw. Inhaltsstruktur erweitert die inhaltliche Analyse. In diesem Schritt geht es darum, den logischen Zusammenhang zwischen den verschiedenen Inhalten zu ermitteln.

INFO

Text- bzw. Inhaltsstruktur ermitteln

Hinweise auf die gedankliche Gliederung geben z. B.:

- **Zeitangaben (z. B. Jahreszahlen, Tageszeitangaben, ..., aber auch Zeitadverbien wie *zuerst, dann, schließlich, ...*)**
- **alphanumerische Gliederungssignale (z. B. *a., b., erstens, zweitens, 1., 2.*)**
- **Konjunktionen, Präpositionen und Adverbien, durch die ein logisches Verhältnis ausgedrückt wird (Konjunktionen: *weil, obwohl, wenn, ...*; Adverbien: *also, folglich, somit, ...*; Präpositionen: *aufgrund, dank, wegen, ...*) sowie Pronomen, durch die ein Bezug zu bereits geäußerten Gedanken hergestellt wird (z. B. *das, dieser, jenes, ...*)**
- **Inhaltswörter, d. h. Wörter, die inhaltlich auf einen logischen Zusammenhang aufmerksam machen (z. B. *Voraussetzung, Ursache, Grund, Folge, Prämisse, Argument, ...*)**

4a. Lesen Sie noch einmal die ersten drei Absätze des Textes „Der Abfuck der Opferkinder", die durch Zeitangaben gegliedert sind. Um welche Zeitangaben handelt es sich? Notieren Sie sie.

____

4b. Markieren Sie in dem folgenden Textauszug die beiden Gliederungssignale.

Beim Durchklicken der Neologismen fällt auf den ersten Blick auf, dass es nach wie vor Anglizismen sind, die die Jugendsprachen zu einem Großteil ausmachen. Sie können rudimentär eingedeutscht sein, wie zum Beispiel „nai-len", also jemanden mit Fingernägeln kratzen, oder aber als englisches Wort bestehen bleiben, wie der „Leak" – das Veröffentlichen vertraulicher Dokumente.

Ein weiterer Erkenntnisgewinn beim Abchecken der Website: Die große Karriere des Präfixes „ab" ist bis heute nicht beendet. Erst ist der Jugendliche von heute beim „Abdancen" im Club anzutreffen. Nimmt er Drogen, die dann nicht wirken, folgt recht schnell der „Abfuck", also etwas, das einen enttäuscht. Wirkt die Pille hingegen, kann der Tänzer „abspacen", um später erschöpft „abzuchillen".

1. Vorwissen aktivieren/Überblick verschaffen → **2.** Leseschwierigkeiten überwinden → **3.** Textinhalt erschließen → **4.** Text- bzw. Inhaltsstruktur ermitteln → **5. Erschließungsergebnisse zusammenfassen**

Bei längeren Texten ist es sinnvoll, die gewonnenen Untersuchungsergebnisse in einer Inhaltsübersicht zusammenzufassen. Diese Inhaltsübersicht nennt man auch Konspekt.

INFO

Erschließungsergebnisse zusammenfassen, Text bewerten

Je nach Text kann eine Inhaltsübersicht bzw. ein Konspekt dabei unterschiedliche Formen haben (z. B. als Zeitstrahl, Tabelle, Flussdiagramm, ...). Wichtig ist, dass Sie alle wesentlichen Inhalte übersichtlich in ihrem logischen Zusammenhang darstellen.

Schließlich sollten Sie den Text noch einmal kritisch hinterfragen, z. B.: Ist die Argumentation schlüssig? Werden Sachverhalte verschwiegen oder einseitig dargestellt? Welche Folgen ergeben sich aus den Behauptungen? Welche Intention verfolgt der Autor? Welche Einstellung hat er zu dem Thema?

Wenn Sie einen Text sowohl in seinen Einzelheiten als auch in seiner Gesamtaussage verstanden haben, können Sie sich über den Text eine Meinung bilden und, z. B. in Form eines Interpretationsaufsatzes, zu ihm Stellung beziehen, d. h. ihn bewerten.

5a. Lesen Sie noch einmal den Text „Der Abfuck der Opferkinder" und benennen Sie, wie sich die Absätze 4 bis 6 (Z. 25–49) inhaltlich vom restlichen Text unterscheiden. Welche Funktion haben diese Absätze?

5b. Wie bewertet der Autor das Internetportal des Dudenverlags? Lesen Sie den Text – und hier vor allem die Absätze 1 bis 3 sowie 7 kritisch. Beantworten Sie die Frage und belegen Sie Ihre Einschätzung durch Zitate aus dem Text. Wie Sie Zitate richtig in einen Text einbauen, wird auf S. 60 f. erklärt.

Online-Link
- Zusatztext: Ulrike Frenkel: *Bei den Eingeborenen des Internets*
310044-0017

Unter dem Online-Link finden Sie einen weiteren Text, an dem Sie die Arbeitstechniken zur Texterschließung üben können.

RALPH ERICH SCHMIDT

Die Mühen der Frauen mit der Mathematik – Negative Vorurteile beeinträchtigen die Leistungsfähigkeit

Wie lässt sich erklären, dass Frauen in mathematiklastigen Studiengängen wie den Natur- und Ingenieurswissenschaften noch immer eine Minderheit darstellen? Nach einer verbreiteten, wenngleich aus Gründen „politischer Korrektheit“ meist verschwiegenen Ansicht ist dies auf „angeborene“ oder „natürliche“ Begabungsunterschiede zwischen den Geschlechtern zurückzuführen. In jüngerer Zeit hat die Entdeckung struktureller Unterschiede zwischen Frauen und Männern dieser Auffassung zusätzlichen Auftrieb verliehen: Die Existenz anatomischer Eigenheiten lässt intellektuelle Differenzen zwischen den Geschlechtern in einem legitimeren Licht erscheinen. Wissenschaftlich gesehen kann aber aus anatomischen oder funktionellen Unterschieden nicht auf unterschiedliche kognitive Fähigkeiten geschlossen werden.

Als sich Ende der neunziger Jahre in den USA und Kanada die Sozialpsychologen Steven J. Spencer, Claude M.Steele und Diane M.Quinn mit der Frage zu beschäftigen begannen, warum Frauen bei mathematischen Examen oft schlechter abschneiden als Männer, mutmaßten sie, dass Stigmatisierungsprozesse in der Testsituation im Spiel sein könnten. Um ihre These zu überprüfen, rekrutierten die Wissenschaftler männliche und weibliche Studenten, die beim Eintritt in die University of Michigan zu den 15 Prozent Besten in Mathematik gehört hatten und nach eigenen Angaben großen Wert auf ihre Leistungen in diesem Fach legten. In einem Experiment bekamen diese dann schwierige Mathematikaufgaben vorgesetzt. Einem Teil der Probanden wurde dabei mitgeteilt, es handle sich um einen Test, in dem Frauen ebenso gute Resultate erzielten wie Männer; den übrigen Versuchspersonen hingegen wurde gesagt, die Prüfung führe je nach Geschlecht zu unterschiedlichen Ergebnissen. Die Auswirkungen dieser beiden Spielarten der Testcharakterisierung waren dramatisch: Nach der „geschlechtsneutralen“ Beschreibung erreichten die Studentinnen ebenso gute Ergebnisse wie die Studenten – nach dem Hinweis auf geschlechtsbedingte Unterschiede jedoch brach die Leistung der Frauen ein. Sie erzielten weniger als halb so viele Punkte wie unter „neutralen“ Bedingungen. Spencer und Kollegen interpretieren diesen Leistungsabfall damit, dass der Hinweis auf die Geschlechtsabhängigkeit der Testresultate die Studentinnen an das negative Stereotyp erinnert habe, wonach Frauen für Mathematik weniger begabt seien als Männer; die Befürchtung, das eigene Verhalten könnte sozusagen durch die Linsen dieses Vorurteils wahrgenommen werden und schlimmstenfalls gar als Bestätigung dafür dienen, habe daraufhin ihre Leistungsfähigkeit untergraben – „stereotype threat“, Bedrohung durch Stereotype, sei am Werk gewesen.

Was die Leistungsfähigkeit von Frauen in der Mathematik anbelangt, so sind in den letzten Jahren weitere Arbeiten der Frage nachgegangen, welche Charakteristika einer Situation negative Stereotype wachzurufen vermögen. In welchem Ausmaß auch außerhalb der eigentlichen Prüfungssituation liegende Faktoren die Vorurteile zu wecken vermögen, lässt ein Versuch erahnen, der unter der Leitung von Paul G. Davies an der University of Waterloo in Kanada durchgeführt wurde.

Bei Davies' Probanden handelte es sich um Studentinnen und Studenten, die angegeben hatten, gut in Mathematik zu sein und Wert auf dieses Fach zu legen. Zunächst spielte er ihnen TV-Werbespots unter dem Vorwand vor, sie später nach ihren Erinnerungen daran zu befragen. Eine Teilnehmergruppe bekam dabei zwei Spots zu sehen, die Frauen in nichtstereotypen Rollen zeigten: Im ersten beeindruckte eine attraktive Frau einen Mann mit ihrem Wissen über das Maschinenbauwesen, im zweiten äußerte sich eine Frau kompetent über Probleme des Gesundheitswesens. Der anderen Gruppe wurden zwei Spots mit Frauen in stereotypen Rollen gezeigt: Im ersten hopste eine junge Frau vor lauter Begeisterung über ein neues Anti-Akne-Produkt auf ihrem Bett herum, im zweiten versetzte eine Brownie-Mischung eine Frau in eine Art kulinarische Ekstase. Nebenbei bemerkt: All diese Spots wurden damals tatsächlich im Fernsehen ausgestrahlt. Nach dem Werbeblock folgte eine Worterkennungsaufgabe, bei der die Versuchsteilnehmer so schnell wie möglich anzugeben hatten, ob eine auf einem Computerbild erscheinende Buchstabenfolge ein Wort ergab oder nicht. Bei der Auswertung der Reaktionszeiten stellte Davies fest, dass Männer wie Frauen, welche die stereotypen Spots gesehen hatten, klischeehaft Frauen beschreibende Wörter wie „intuitiv“, „irrational“ oder „emotional“ schneller erkannten als die andere Gruppe, welche die nichtstereotypen Spots angeschaut hatte. Die filmische Inszenierung femininer Exaltation ob einer Akne-Arznei und einer Backmischung hatte also kognitive Spuren hinterlassen: Ein Netzwerk von stereotypen Konzepten war aktiviert worden, und durch dieses „Vorwärmen“ hatten sich die entsprechenden Antwortzeiten verkürzt.

Zwei weitere Experimente enthüllten, dass die psychologischen Nachwirkungen noch viel weiter reichten. Davies rekrutierte wiederum Studentinnen und Studenten, die in einem Fragebogen angegeben hatten, gut in Mathematik sein und Wert auf dieses Fach zu legen. Beide Versuche begannen erneut mit einem Werbeblock: Einer Gruppe von Probanden wurden neutrale Spots gezeigt, einer anderen Gruppe die bereits erwähnten Spots mit stereotypen Geschlechtsdarstellungen. Im ersten Versuch hatten die Teilnehmer danach die Möglichkeit, sich entweder mathematischen oder verbalen Aufgaben zuzuwenden. Männer gaben dabei häufiger den mathematischen den Vorzug; Frauen taten dies nur nach den neutralen Spots. Im zweiten Versuch wurden die Teilnehmer anschließend nach ihren Studien- und Berufszielen befragt. Die Studenten bekundeten dabei im Durchschnitt mehr Interesse für „quantitative" Fachbereiche, also Bereiche, die mathematische Fähigkeiten voraussetzen; die Studentinnen drückten nach dem neutralen Spot ebenfalls mehr Interesse für Quantitatives aus – nach den Akne-Medizin- und Kuchen-Spots indessen bevorzugten sie verbale Fachbereiche wie Linguistik oder Journalismus. Die flüchtige Begegnung mit stereotypen Frauenfiguren hatte also ausgereicht, um Studentinnen in ihren Lebensentwürfen die Zonen umschiffen zu lassen, in denen ihre Karrieren auf Vorurteile aufzulaufen drohten. Mit einem solchen Verhalten lässt sich aber auch die Untervertretung von Frauen in mathematikintensiven Fachbereichen erklären. Diese verstärkt ihrerseits die Vorurteile über geschlechtsspezifische Begabungsunterschiede – der Teufelskreis schließt sich. […]

› Analysieren und bewerten Sie den Zeitungsbericht „Die Mühen der Frauen mit der Mathematik" von Ralph Erich Schmidt. Prüfen Sie, welche Schlussfolgerungen sich aus den Ergebnissen für die schulische Unterrichtsgestaltung (z. B. im Mathematikunterricht) ziehen lassen.

1. Text lesen/ erstes Textverständnis formulieren → **2.** Text aspektorientiert untersuchen → **3.** Deutungsthese formulieren → **4.** Gliederung erstellen → **5.** Aufsatz schreiben → **6.** Aufsatz überarbeiten

Bei der Untersuchung von Sach- wie von literarischen Texten sollten Sie sich an eine Abfolge von Arbeitsschritten gewöhnen. Eine solche regelmäßige Schrittfolge gibt Ihnen Sicherheit und hilft, nichts zu vergessen und zu übersehen. Eine Übersicht über die Schritte bei der Sachtextanalyse finden Sie auf S. 78.

TIPP

Vor der eigentlichen Textanalyse sollten Sie Ihr erstes Textverständnis schriftlich fixieren. Lesen Sie anschließend die Aufgabenstellung genau und prüfen Sie, welche Hinweise diese für das richtige Textverständnis bietet.

Wenn Sie große Schwierigkeiten haben, den Text zu verstehen, rufen Sie sich die Arbeitstechniken zum Erschließen von Texten in Erinnerung, vgl. S. 13 bis 17.

1a. Lesen Sie den Text „Die Mühen der Frauen mit der Mathematik" von Ralph Erich Schmidt und halten Sie Ihre ersten Eindrücke stichwortartig fest.

1b. Formulieren Sie kurz, worum es in dem Text geht.

1c. Halten Sie fest, welche Hinweise die Aufgabenstellung für die Analyse des Textes gibt.

1d. Lesen Sie den Text „Die Mühen der Frauen mit der Mathematik" noch einmal und beseitigen Sie eventuelle Leseschwierigkeiten (vgl. S. 14). Überprüfen Sie Ihr Textverständnis, indem Sie angeben, was die jeweiligen Fremdwörter im Text bedeuten. Kreuzen Sie die richtigen Antworten an.

„in einem legitimeren Licht" (Z. 12)

- ☐ unter einem besser vertretbaren Aspekt
- ☐ in einem hoffnungsfroheren Zusammenhang
- ☐ als schlechter begründet

„kognitive Fähigkeiten" (Z. 15)

- ☐ das Erkenntnisvermögen betreffende Fähigkeiten
- ☐ das Rechenvermögen betreffende Fähigkeiten
- ☐ die Vorstellungskraft betreffende Fähigkeiten

„Stigmatisierungsprozesse" (Z. 21)

- ☐ selbsthypnotische Prozesse
- ☐ Prozesse unterschiedlicher Wahrnehmungen
- ☐ Prozesse der Zuschreibung von Eigenschaften, die deshalb dann auch eintreffen

„Exaltation" (Z. 87)

- ☐ deutliche Zustimmung
- ☐ übertriebene Begeisterung
- ☐ unterdrückte Genugtuung

1e. Schlagen Sie weitere unbekannte Wörter nach.

1f. Überprüfen Sie Ihr Textverständnis, indem Sie erläutern, wie sich die genannten Adjektive zum Begriff „Rollenbild der Frau" verhalten.

emotional, irrational:

klischeehaft, stereotyp:

1. Text lesen/ erstes Textverständnis formulieren → **2. Text aspektorientiert untersuchen** → **3.** Deutungsthese formulieren → **4.** Gliederung erstellen → **5.** Aufsatz schreiben → **6.** Aufsatz überarbeiten

Inhalt und Gestaltung eines Sachtextes sind von der Intention (Absicht) des Autors bestimmt, der z. B. mit seinem Text unterhalten, informieren, überzeugen will usw.
Die Aufmerksamkeit des Lesers wird dabei durch den inhaltlichen Aufbau, thematische Schwerpunktsetzungen, sprachliche Mittel usw. gelenkt. Neben der Ermittlung von zentralen Textaussagen ist es deshalb bei der Analyse von Sachtexten auch hilfreich, wesentliche Gestaltungsmerkmale zu ermitteln und in Bezug zu den Textaussagen und der Intention des Autors zu setzen. Eine Übersicht über die möglichen Erschließungsaspekte von Sachtexten gibt die Infobox auf S. 21.

INFO

Sachtexte untersuchen

Textimmanente Aspekte zum Erschließen von Sachtexten

- Textaufbau, Entfaltung des Themas: Die induktive Form geht von konkreten Beispielen aus, aus deren Analyse eine allgemeine These entwickelt wird oder die dem Leser für eigene Schlussfolgerungen dargeboten werden. Die deduktive Form geht von einer allgemeinen These aus, Beispiele dienen der Bestätigung bzw. Veranschaulichung.
- Argumentationsstruktur: steigende (lineare) Argumentation, Pro-Kontra-Argumentation, dialektische Argumentation
- Argumentationsweise: sachlich, wertend, appellativ, mit Bezug auf Gegenpositionen, ...; rhetorische Taktiken wie Übertreibung, Aufstellung von Scheinalternativen, ...
- Sprachliche Gestaltung, Stil: rhetorische Figuren, Verwendung von Fachsprache, Satzbau, Adressatenbezug, Gliederungssignale, ...

Textüberschreitende Analyseaspekte

- Zeitkontext: politisch-soziale und geistesgeschichtliche Situation?
- Mediale Verbreitung, Publikationsform?
- Textsorte: Essay, wissenschaftlicher Aufsatz, Glosse, Reportage, ...?
- Biografie und Werk des Autors?
- Perspektive des Lesers: individuelle Interessen, Vorkenntnisse, ..., aktuelle Bezüge bzw. Relevanz?

2a. Untersuchen Sie zunächst den inhaltlichen Textaufbau, indem Sie den Text in Sinnabschnitte gliedern. Halten Sie für jeden Sinnabschnitt stichwortartig seine Hauptaussagen fest.

Z. 1 bis 15: ______________________________

Z. 16 bis ____: ______________________________

Z. ____ bis ____: ______________________________

Z. ____ bis ____: ______________________________

2b. Erklären Sie den Zusammenhang, den der Autor mit dem Begriff „Teufelskreis" (vgl. Z. 121) beschreibt.

2c. Untersuchen Sie den Text nun unter den folgenden Aspekten. Halten Sie Ihre Ergebnisse stichwortartig fest.

Argumentationsstruktur und -weise: ______________________

____

____

Sprachliche Gestaltung, Stil: ______________________

____

____

Intention des Autors: ______________________

____

____

1. Text lesen/ erstes Textverständnis formulieren → 2. Text aspektorientiert untersuchen → **3. Deutungsthese formulieren** → 4. Gliederung erstellen → 5. Aufsatz schreiben → 6. Aufsatz überarbeiten

3a. Prüfen Sie Ihre Arbeitsergebnisse und formulieren Sie nun eine Deutungsthese.

____

____

TIPP

Nachdem Sie sich zunächst ein vorläufiges Verständnis vom Text verschafft haben, haben Sie in einem weiteren Schritt den Text unter verschiedenen Aspekten untersucht. Sie sollten nun in der Lage sein, Thema und Aussage des Textes in einigen wenigen Sätzen, einer Deutungsthese, zusammenzufassen. Dieser Arbeitsschritt ist wichtig, weil die Gliederung Ihres Aufsatzes davon abhängig ist.

1. Text lesen/ erstes Textverständnis formulieren → 2. Text aspektorientiert untersuchen → 3. Deutungsthese formulieren → **4. Gliederung erstellen** → 5. Aufsatz schreiben → 6. Aufsatz überarbeiten

INFO

Gliederung erstellen

Mit Hilfe der Gliederung werden die Untersuchungsergebnisse geordnet. Wichtig sind dabei die folgenden Aspekte:

- **Durch den Text muss sich ein „roter Faden" ziehen, d.h., dass zum einen die Abfolge der einzelnen Textteile in sich logisch sein und dass zum anderen ein Bezug zwischen Textanfang und -ende bestehen muss.**
- **Der Leser muss „abgeholt" und wieder aus dem Text „entlassen" werden.**
- **Ihre Meinung muss deutlich werden und nachvollziehbar begründet und am Text belegt sein.**

Am besten entwerfen Sie Ihre Gliederung vom Ende her, indem Sie zunächst festhalten, worauf Sie hinauswollen.

INFO

Überlegen Sie im nächsten Schritt, welche zentralen Argumente zu diesem Ergebnis führen und wie sie sich am Text belegen lassen. Entwerfen Sie anschließend Ihre Einleitung.

Eine Einleitung sollte in der Regel bestimmte Informationen (Autor, Titel, Thema, Textsorte, Entstehungszeit) enthalten, z. B. „In seinem Essay ... aus dem Jahr ... vertritt ... die Auffassung, dass ...".

4a. Bewerten Sie die folgende (hier gekürzte) Gliederung. Erstellen Sie anschließend eine Gliederung für Ihre Sachtextanalyse.

Einleitung	› Immer wieder Thema: Vorurteile über das andere Geschlecht (z.B. Frauen können nicht Auto fahren, Männer sind unromantisch) › Ralph Erich Schmidt widmet sich in seinem Zeitungsbericht „Die Mühen der Frauen mit der Mathematik" dem gängigen Vorurteil, Frauen kämen aufgrund anatomischer Unterschiede nicht gut mit der Mathematik zurecht
Hauptteil	› Zusammenfassung des Inhalts: Schmidt schildert zunächst das gängige Klischee und behauptet, die Erklärung für den geringen Frauenanteil in mathematiklastigen Fächern sei nicht in „natürlichen" Begabungsunterschieden zu suchen. 1. Beleg für die Behauptung ein Experiment, das [...] › Argumentationsstruktur und -weise: linear steigende Argumentationsstruktur, ... › Intention des Autors: ... › Bewertung des Artikels: anspruchsvoll geschrieben, aber auch sehr sachlich und frei von Vorurteilen und Wertungen; Autor nennt zu den Experimenten jeweils die verantwortlichen Wissenschaftler und die Orte → kein Anlass, an der Richtigkeit der Darstellung zu zweifeln
Schluss	› Es liegt nahe, in der Schule alles zu unterlassen, was ein negatives Stereotyp fördern könnte. Es sollte im Gegenteil immer wieder auf die sachliche Unrichtigkeit dieses Klischees aufmerksam gemacht werden. Denkbar wäre auch, dass Jungen und Mädchen in Mathematik und den Naturwissenschaften getrennt unterrichtet werden.

Bewertung der Gliederung: ______________________________

____

____

1. Text lesen/ erstes Textverständnis formulieren → 2. Text aspektorientiert untersuchen → 3. Deutungsthese formulieren → 4. Gliederung erstellen → **5. Aufsatz schreiben** → 6. Aufsatz überarbeiten

5a. Schreiben Sie nun Ihren Aufsatz auf der Grundlage Ihrer bisherigen Arbeitsergebnisse.

1. Text lesen/ erstes Textverständnis formulieren → 2. Text aspektorientiert untersuchen → 3. Deutungsthese formulieren → 4. Gliederung erstellen → 5. Aufsatz schreiben → **6. Aufsatz überarbeiten**

6a. Lesen Sie Ihren Aufsatz mehrfach gründlich durch und überarbeiten Sie ihn anhand der Hinweise auf S. 22 f.

Unter dem Online-Link finden Sie einen weiteren Text, an dem Sie die Sachtextanalyse üben können.

Online-Link
· Zusatztext: Albert Einstein: *Über die Freiheit*
310044-0023

Kapitel 3: Sachtexte schriftlich erörtern

Gottfried Honnefelder, der Autor des folgenden Textes, war viele Jahre in verschiedenen Stellungen in mehreren bekannten deutschen Verlagen tätig.

GOTTFRIED HONNEFELDER

Kultur braucht Auswahl

Hätten die Bewohner Mesopotamiens statt der üblichen Tontafeln eine Art E-Mail für ihre Botschaften gebraucht, wir wüssten wohl kaum etwas von ihnen. Wenn sich die elektronischen Datenträger so ferner Zeit erhalten hätten, besäßen wir wahrscheinlich die Software nicht mehr, um sie zu lesen. Besäßen wir sie aber, dann wüssten wir in der Flut der dann vorhandenen Texte vermutlich das Unwichtige nicht von Wichtigem zu unterscheiden und wüssten daher ebenso viel wie wenig.

Für unsere Kultur ist die Schriftlichkeit seit Jahrtausenden zum nicht wegzudenkenden Merkmal geworden. Aber ist es mit der kulturellen Bedeutung dieses Merkmals nicht vorbei? Ist nicht längst an die Stelle des Buches das Multimediageschehen getreten? [...] Aus Bibliotheken werden Navigationszentren der verschiedenen Medien, an die Stelle des Buches tritt die Bildplatte, an die des Lesens die audiovisuelle Interaktion. Ist dies, wie man befürchtet hat, das Ende des Lesens oder nur eine Weise seiner Transformation? Wie steht es mit der Schriftlichkeit – hört sie auf oder verändert sie sich?

Bei allen diesen Veränderungen bleibt das Problem der Dauerhaftigkeit. [...] Das elektronische Medium versucht zwar einzuholen, was Tontafel, Pergament und Papier eigen war; überall da aber, wo Sprache Dauerhaftigkeit gewinnen soll, in Testamenten, Vertrag und Urkunde, in wissenschaftlichen Dokumentationen und geschichtlichen Darstellungen und nicht zuletzt im sprachlichen Kunstwerk, bleibt man beim Papier – säurefrei – oder sucht digitale Formen der Dauerhaftigkeit. Nur wo das Sprachgeschehen Permanenz gewinnt, schafft es Bindung, bewahrt es Gedächtnis und stiftet Identität, die dauert.

Das elektronische Medium sucht aber nicht nur Ersatz für die Zeit überdauernde Präsenz von Tontafeln, Pergament und Papier, es sucht auch Ersatz für den Verlust von Öffentlichkeit. Je mehr Internet jeden mit jedem verbindet, desto mehr Digitalkommunitäten werden möglich, aber die Öffentlichkeit droht verloren zu gehen. Wenn jeder sich sein Fernsehprogramm zusammenstellen kann, sieht zwar jeder, was er mag, aber jeder sieht etwas anderes. Politische Demokratie aber braucht die Ausbildung öffentlicher Meinung, Kultur braucht das öffentlich geführte Gespräch. Deshalb ist ein Gemeinwesen bislang nicht ohne die Zeitung möglich, und sei es die Wandzeitung, und Kultur nicht ohne die gedruckte Literatur und das Theater.

Und was dem digitalen Medium bislang auch fehlt, ist die Selektion, die vom Druck- und Verlagswesen durch Jahrhunderte übernommen wurde. Deshalb bedarf es dringender denn je der Verlage und Bibliotheken sowie des Buchhandels, um auch im elektronischen Medium diese Auswahl-, Sicherungs- und Vermittlungsleistung zur Öffentlichkeit hin zu gewährleisten. Zu einer Kultur gehört das kollektive Gedächtnis, das die Ausbildung von Tradition möglich macht, ihre Identität und Kontinuität überhaupt erst stiftet. Ohne literarischen Kanon bildet sich kein Geschmack, an ihm nimmt – immer noch – Literatur Maß, und in seiner Kritik erneuert sie sich. Wird jedwedes in gleicher Form festgehalten, wird alles letztlich gleichgültig.

Die Unterschiedslosigkeit der Form, der Bewahrung lässt den Inhalt beliebig werden. Kein Wunder, dass das elektronische Medium nach nichts so sehr Ausschau hält wie nach Instrumenten der Selektion, die das Wichtigste vom Unwichtigen trennen können und das auszeichnen, was bewahrenswert ist, was jeder kennen und was für jeden verfügbar sein soll.

Gesucht wird ein „Personal-Information-Management", das jedem die nötige – und zwar nur die nötige – Information als Basis seines Wissens geben kann: aus tausend weltweit erreichbaren Fernsehkanälen, aus Hunderten von Millionen digitalisierter Bücher, aus täglich Millionen Zeitungsseiten, aus nur digital publizierter und kommunizierter wissenschaftlicher Literatur. Dieses für die elektronische Kommunikation [...] immer mehr geforderte „Personal-Information-Management" stellt ein Auswahlprinzip dar unter den unendlichen Angeboten einer unendlichen Bibliothek.

Schnell haben die neuen elektronischen Gestalten der Schriftlichkeit Züge angenommen, die bislang der unmittelbaren Kommunikation eigen waren. Gleichzeitigkeit, Interaktivität und Intimität sowie Offenheit für alles: der ganze oszillierende Reiz des Gesprächs. Schwer aber tut sich das Medium darin, das wiederzugewinnen, was der alten Schriftlichkeit seit den Tontafeln eigen war: Permanenz, Öffentlichkeit und Auswahl unter dem Vielen.

- Untersuchen Sie den Text „Kultur braucht Auswahl“ von Gottfried Honnefelder aus dem Jahre 1996 und fassen Sie seine Argumentation zusammen.
- Erörtern Sie aus heutiger Sicht, ob Honnefelder die Entwicklung der „Neuen Medien“ angemessen erfasst hat.

1. Text lesen/ erstes Textverständnis formulieren → 2. Text aspektorientiert untersuchen → 3. Eine eigenständige Position entwickeln → 4. Gliederung erstellen → 5. Aufsatz schreiben → 6. Aufsatz überarbeiten

TIPP

Vor der eigentlichen Textanalyse sollten Sie Ihr erstes Textverständnis schriftlich fixieren. Lesen Sie anschließend die Aufgabenstellung genau und prüfen Sie, welche Hinweise diese für das richtige Textverständnis bietet.

Wenn Sie große Schwierigkeiten haben, den Text zu verstehen, rufen Sie sich die Arbeitstechniken zum Erschließen von Texten in Erinnerung. Vgl. S. 13–17. Klären Sie vor allem unbekannte Wörter und schwierige Satzgefüge.

1a. Lesen Sie den Text „Kultur braucht Auswahl“ und halten Sie Ihre ersten Eindrücke stichwortartig fest.

1b. Formulieren Sie kurz, worum es in dem Text geht.

1c. Halten Sie fest, welche Hinweise die Aufgabenstellung für die Analyse des Textes gibt.

TIPP

Die Aufgabenstellung erfordert von Ihnen nach der Analyse des Ausgangstextes eine Erörterung eines Sachverhaltes. Bei Erörterungen ist es zunächst einmal wichtig, dass Sie sich das Thema, um das es geht, in seinem vollen Umfang, d. h. mit allen seinen Nebenaspekten, klarmachen.

Ein gutes Mittel dazu ist eine Begriffsanalyse. Hierbei können Sie die Bedeutung eines Begriffes erläutern, aber auch in Zusammenhang mit dem Erörterungsthema erste Fragen an den Begriff stellen.

1d. Aktivieren Sie Ihre Vorkenntnisse und setzen Sie sich gedanklich mit dem Thema „Neue Medien" auseinander. Sie können dazu z. B. folgende Fragen an den Begriff stellen:

- Was sind „Neue Medien" und welche Eigenschaften haben sie?
- Wie, wann und warum benutzt man (benutzen Sie) sie?
- Welche Entwicklung haben wichtige Medien (z. B. Internet, Mobiltelefon) in den letzten Jahren genommen?
- Welche aktuellen Trends in der Medienlandschaft können Sie erkennen bzw. halten Sie für wichtig oder zukunftsweisend?
- Wie wurden andere moderne Medien (z. B. Fernsehen) anfangs bewertet, wie haben sie sich entwickelt?
- Der Text ist 1996 entstanden. Welche „Neuen Medien" kannte der Verfasser überhaupt?

Halten Sie Ihre Überlegungen stichwortartig auf einem Blatt Papier fest.

1. Text lesen/ erstes Textverständnis formulieren → **2. Text aspektorientiert untersuchen** → **3.** Eine eigenständige Position entwickeln → **4.** Gliederung erstellen → **5.** Aufsatz schreiben → **6.** Aufsatz überarbeiten

Die Aufgabenstellung verlangt von Ihnen eine Zusammenfassung der Argumentation des Textes. Sie sollten sich deshalb zunächst auf diesen Aspekt konzentrieren.

2a. Gottfried Honnefelder stellt in seinem Artikel die These auf, dass den elektronischen Medien sowohl Permanenz als auch Öffentlichkeit als auch Selektion fehlten. Halten Sie zunächst stichwortartig fest, wie Honnefelder diese Behauptungen begründet. Formulieren Sie dann eine eigene kurze Stellungnahme zu der jeweiligen Behauptung (sei es als Zustimmung, Ablehnung, Ergänzung, Frage usw).

These	*Begründung durch Honnefelder*	*Eigene Stellungnahme*
Fehlende Permanenz		
Fehlende Öffentlichkeit		
Fehlende Selektion		

2b. Untersuchen Sie die Argumentationsweise im Artikel „Kultur braucht Auswahl" und bewerten Sie sie.

INFO

Argumentation

Eine **Argumentation** besteht aus drei Teilen:
- **These** (vom griechischen Verb für „setzen, aufstellen"): die aufgestellte Behauptung, Meinung oder Forderung
- **Argument** (vom lateinischen Verb für „erhellen, beweisen"): die Begründung, der Grund, die Ursache für die These. These und Argument können auch ein Satzgefüge bilden.
- **Beispiel**: Während Argumente Thesen stützen, untermauern Beispiele Argumente. Beispiele für ein Argument können wissenschaftliche Untersuchungen oder allgemeine und persönliche Erfahrungen sein. Belege haben oft die Form eines Zitats und verweisen auf eine vergleichbare Situation.

Man unterscheidet verschiedene **Arten von Argumenten**:
- **Faktenargumente** (allgemein akzeptierte Tatsachen, durch wissenschaftliche Untersuchungen belegte Ergebnisse, Erfahrungswerte)
- **Autoritätsargumente** (Meinungen von anerkannten Expertinnen oder Experten)
- **normative Argumente** (Bezug auf allgemein akzeptierte Werte oder Vorstellungen)

2c. Überlegen Sie, ob textüberschreitende Aspekte (vgl. S. 21) für die Erschließung des Textes eine Rolle spielen, z. B. die Biografie des Autors. Gottfried Honnefelder arbeitete lange in der Buchbranche, bei den „alten Medien" also.

1. Text lesen/erstes Textverständnis formulieren → **2.** Text aspektorientiert untersuchen → **3. Eine eigenständige Position entwickeln** → **4.** Gliederung erstellen → **5.** Aufsatz schreiben → **6.** Aufsatz überarbeiten

In diesem Schritt wird von Ihnen erwartet, eine eigenständige Position zu G. Honnefelders Argumentation zu entwickeln. Vorarbeiten haben Sie schon in Aufgabe 1d. und in Arbeitsschritt 2 geleistet.

INFO

Sachtexte untersuchen, eigenständige Position zum Text entwickeln

Um einen eigenen Standpunkt zu einer Streitfrage zu gewinnen, können Sie die Argumentation des Ausgangstextes hinterfragen:
- **Ist die Argumentation in sich stimmig?**
- **Beruhen die Argumente auf Voraussetzungen, die selbst strittig oder zweifelhaft sind?**
- **Welche Konsequenzen ergeben sich aus der Argumentation? Sind auch diese Konsequenzen gewünscht bzw. werden von Ihnen akzeptiert?**
- **Welche Gegenpositionen lassen sich grundsätzlich vertreten? Auf welchen Voraussetzungen beruhen diese Positionen, welche Konsequenzen haben sie?**
- **Wie sind Ihre eigenen Erfahrungen?**

3a. Formulieren Sie Ihre eigene Position aus heutiger Sicht zum Thema und sammeln Sie Argumente für Ihre Auffassung. Gewichten Sie dann Ihre Argumente und prüfen Sie, ob und wie sie sich durch Beispiele stützen lassen. Notieren Sie anschließend Ihre Arbeitsergebnisse.

Online-Link
Zusatztext: *Kinderärzte fordern Piercing-Verbot für Minderjährige*
310044-0027

1. Text lesen/ erstes Textverständnis formulieren → 2. Text aspektorientiert untersuchen → 3. Eine eigenständige Position entwickeln → **4. Gliederung erstellen** → 5. Aufsatz schreiben → 6. Aufsatz überarbeiten

4a. Erstellen Sie in Ihrem Heft eine Gliederung für Ihren Erörterungsaufsatz. Beachten Sie dabei die Infobox auf S. 22 f. Erörterungen haben in der Regel folgenden Aufbau:

INFO

Aufbau einer Erörterung

› **Einleitung:** In jedem Fall sollten Sie hier einen Bezug zum Ausgangstext, dessen Autor und Titel (ggf. auch Textsorte, Entstehungsjahr und Thema) herstellen. Sie können z. B. auf die Aktualität des Themas und/oder seine Bedeutung hinweisen; dies kann auch durch ein konkretes Beispiel aus Ihrem Umfeld geschehen. Außerdem sollten Sie auf den Hauptteil überleiten, z. B. indem Sie Ihre Meinung formulieren.

› **Hauptteil:** In jedem Fall sollten Sie hier die Meinung, die im Text vertreten wird, kurz darstellen (und gegebenenfalls auch auf die Argumentationsweise und/oder die Sprache des Textes eingehen). Für Ihren erörternden Teil gibt es zwei Möglichkeiten des Aufbaus:

Möglichkeit 1:
zweigeteilte Argumentation („Sanduhr-Modell")
Im ersten Teil widerlegen Sie zunächst mögliche Kontra-Argumente: Gegenargument (+ Widerlegung/kritische Hinterfragung). Sie sollten mit den schwächeren **Gegenargumenten** anfangen und mit der Widerlegung des stärksten Gegenarguments aufhören.

Im zweiten Teil, zu dem Sie kurz überleiten sollten, nennen Sie die Pro-Argumente, wobei Sie wieder mit dem schwächsten Argument beginnen und mit dem stärksten enden sollten: **Argument 1** (weniger wichtig) → **Argument 2** (wichtig) → **Argument 3** (sehr wichtig)

Möglichkeit 2:
wechselnde Argumentation („These-Gegenthese-Modell")
Dabei wägen Sie nacheinander alle Pro- und Kontra-Argumente gegeneinander ab und stellen jeweils Ihre Sichtweise als die überzeugendere dar. Möglichkeit 2 sollten Sie vor allem dann wählen, wenn Sie die wichtigsten Argumente der Gegenseite auch wirklich stichhaltig widerlegen können.

› **Schluss:** Hier können Sie Ihre Überlegungen zusammenfassen; Sie können die Fragestellung auch erweitern, neue Aspekte des Themas und seiner Lösung aufzeigen oder einen Appell an die Leserinnen und Leser richten.

1. Text lesen/ erstes Textverständnis formulieren → 2. Text aspektorientiert untersuchen → 3. Eine eigenständige Position entwickeln → 4. Gliederung erstellen → **5. Aufsatz schreiben** → 6. Aufsatz überarbeiten

5a. Schreiben Sie jetzt die Texterörterung auf der Grundlage Ihrer bisherigen Arbeitsergebnisse.

1. Text lesen/ erstes Textverständnis formulieren → 2. Text aspektorientiert untersuchen → 3. Eine eigenständige Position entwickeln → 4. Gliederung erstellen → 5. Aufsatz schreiben → **6. Aufsatz überarbeiten**

6a. Überarbeiten Sie anschließend Ihren Aufsatz anhand der Hinweise auf S. 22 f.

Unter dem Online-Link finden Sie einen weiteren Text, an dem Sie die schriftliche Erörterung von Sachtexten üben können.

Kapitel 4: Diskontinuierliche Texte erschließen

Unter einem diskontinuierlichen (= nicht-linearen) Text versteht man Grafiken, Tabellen, Diagramme, Abbildungen usw. Anders als bei linearen Texten ist hier die Leserichtung (also von links nach rechts und von oben nach unten) nicht vorgegeben, der Leser muss vielmehr selbst entscheiden, wie er einen diskontinuierlichen Text liest.

INFO

Diagramme

Bei **Diagrammen** unterscheidet man folgende Diagrammarten:

Balken-/Säulendiagramm

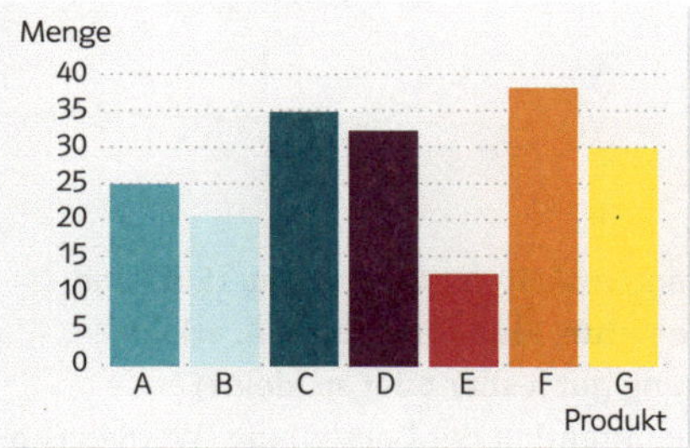

Kreisdiagramm

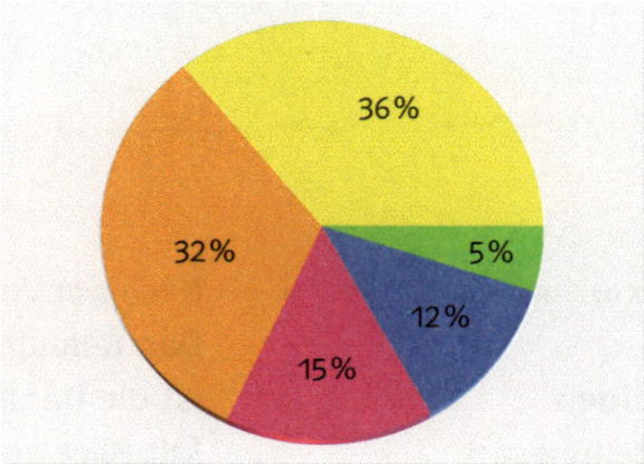

Kurvendiagramm

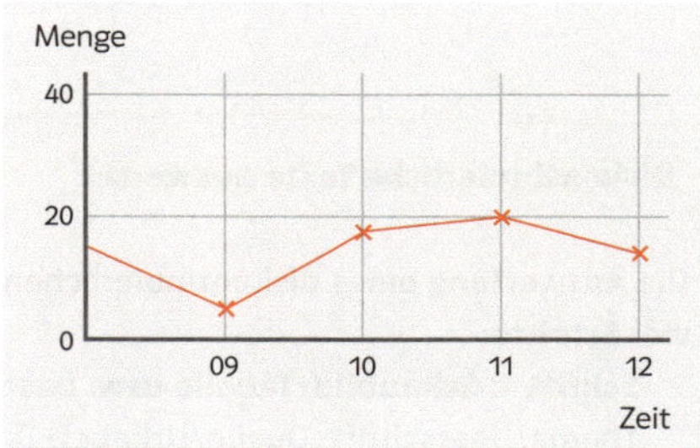

1. Schaubild/Tabelle beschreiben → **2.** Kontext ermitteln → **3.** Schaubild/Tabelle bewerten → **4.** Schaubild/Tabelle in Text umsetzen

1a. Um welche Diagrammart handelt es sich bei der Abbildung? Begründen Sie kurz Ihre Meinung.

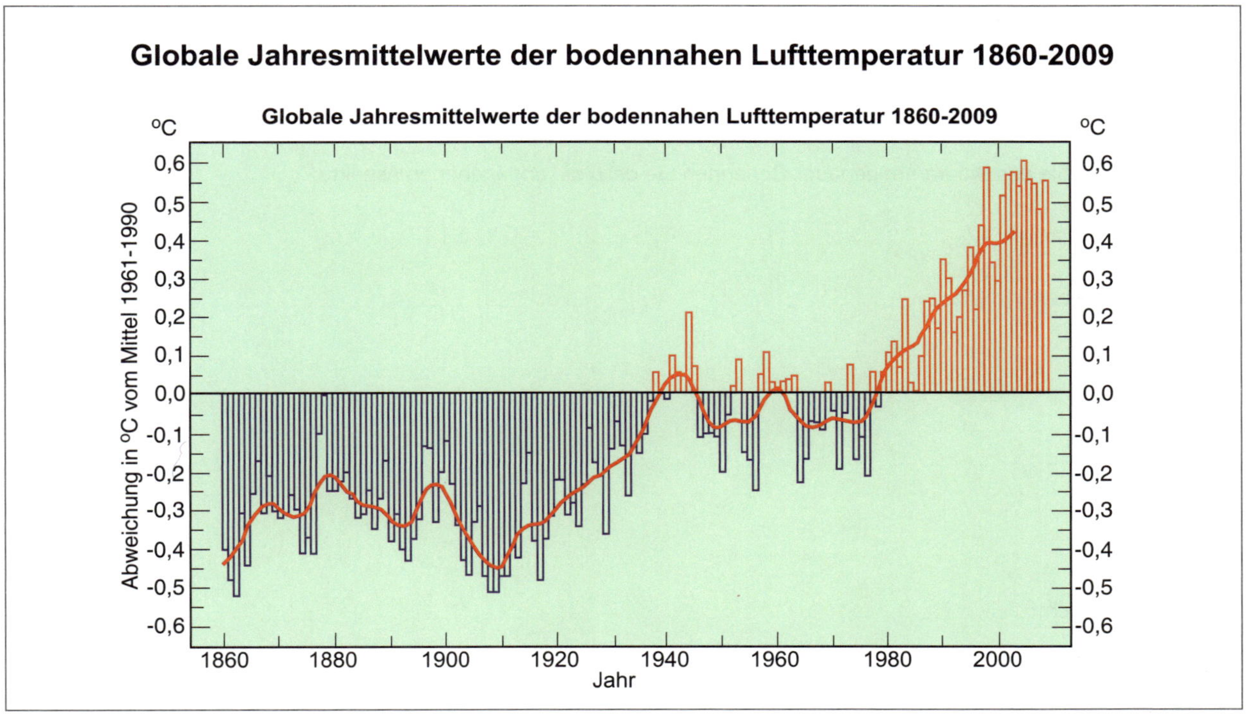

Veränderung der globalen Mitteltemperatur 1860–2008

Diagrammart: ______________________________

____

1b. Kreuzen Sie dazu an, welche Aussagen über den Inhalt des Diagramms richtig sind.

a	Die Temperaturen sind zwischen den Jahren 1860 und der Gegenwart Jahr für Jahr kontinuierlich gestiegen.	☐
b	Die höchsten Abweichungen nach oben vom Mittelwert der Jahre 1961 bis 1990 gab es um das Jahr 2000.	☐
c	Seit etwa 1980 gibt es nach unten keine Abweichungen mehr vom Mittelwert der Jahre 1961 bis 1990.	☐
d	Durch den Zweiten Weltkrieg kam es um 1940 zu Abweichungen nach oben vom Mittelwert der Jahre 1961 bis 1990.	☐

INFO

Diskontinuierliche Texte auswerten

Die Auswertung eines diskontinuierlichen Textes umfasst vier Schritte:

› **Schritt 1: Schaubild/Tabelle usw. beschreiben**
Thema/Überschrift; Quelle/Urheber; Darstellungsart (Tabelle, Kreisdiagramm, ...); Aufbau (Darstellungsinhalte, Maßeinheiten, Größenverhältnisse, ...); Aussageabsicht

› **Schritt 2: Kontext ermitteln**
Eigenes Vorwissen aktivieren; Problemzusammenhang klären; ggf. weitere Texte und Materialien recherchieren bzw. hinzuziehen

› **Schritt 3: Schaubild/Tabelle bewerten**
- Nach Fehlern bzw. Mängeln in der Darstellung suchen (Gibt es inhaltliche Lücken? Ist die Datenbasis ausreichend? Sind die Angaben in sich schlüssig?)
- Nach der Verständlichkeit der Darstellung (Sind alle Darstellungselemente, Maßeinheiten u. Ä. erklärt? Ist die Darstellung gut lesbar oder zu klein?)
- Mit Blick auf die Intention der Darstellung (Werden Größenverhältnisse durch die Darstellung optisch verzerrt? Werden irreführende Begriffe verwendet oder ungleiche Werte zusammengefasst?)
- Mit Blick auf den Kontext (Leistet die Darstellung das, was sie soll? Stimmen die Angaben eines Textes mit den übrigen Materialien überein?)

› **Schritt 4: Schaubild/Tabelle in Text umsetzen**
Die Ergebnisse der Beschreibung und -bewertung werden in einem fortlaufenden Text formuliert. (Immer mit der Angabe des Themas bzw. des Titels, der Quelle sowie der Darstellungsart)

1c. Erschließen Sie das Diagramm genauer. Benennen Sie dazu die angegebenen Aspekte.

Thema/Überschrift: ____________________

Quelle/Urheber: ____________________

Aufbau: ____________________

____

____

____

Aussageabsicht: ____________________

____

____

____

1. Schaubild/Tabelle beschreiben → **2. Kontext ermitteln** → 3. Schaubild/Tabelle bewerten → 4. Schaubild/Tabelle in Text umsetzen

2a. Formulieren Sie den Problemzusammenhang, in dem das Diagramm sehr wahrscheinlich steht.

1. Schaubild/Tabelle beschreiben → 2. Kontext ermitteln → **3. Schaubild/Tabelle bewerten** → 4. Schaubild/Tabelle in Text umsetzen

3a. Prüfen Sie das Diagramm auf Fehler bzw. Mängel. Halten Sie Ihre Untersuchungsergebnisse stichwortartig fest.

3b. Das Diagramm auf S. 29 wird im nachfolgenden Text beschrieben. Bewerten Sie diesen Text.

DIETER KASANG

Zum Diagramm „Veränderung der globalen Mitteltemperatur 1860–2008“

Seit es verlässliche instrumentelle Messungen gibt, um daraus globale Mittelwerte zu rekonstruieren, d.h. seit Mitte des 19. Jahrhunderts, waren die bodennahen globalen Durchschnittstemperaturen der Erde nie so hoch wie in den Jahren seit 1990. Im Diagramm tritt deutlich eine Erwärmung in zwei Phasen von 1910 bis 1940 und seit 1976 hervor. Im Zeitraum 1910 bis in die 1940er Jahre hat die Temperatur um 0,35 °C zugenommen, seit den 1970er Jahren bis zur Gegenwart deutlich stärker um 0,55 °C. Dazwischen gab es eine leichte Abkühlung um 0,1 °C. Von den fünf wärmsten Jahren der gesamten Periode liegen vier bereits im 21. Jahrhundert, die Ausnahme ist 1998. Die zehn wärmsten je gemessenen Jahre liegen alle in den letzten zwölf Jahren vor 2008. 2005 und 1998 waren die bisher wärmsten Jahre der Messreihe, gefolgt von den Jahren 2003 und 2002, 2006, 2007, 2004, 2001, 2008 und 1997.

Bewertung:

1. Schaubild/Tabelle beschreiben → 2. Kontext ermitteln → 3. Schaubild/Tabelle bewerten → **4. Schaubild/Tabelle in Text umsetzen**

4a. Verfassen Sie nun selbst eine kurze Beschreibung des Diagramms. Unter dem Online-Link finden Sie ein weiteres Diagramm, an dem Sie die Auswertung von diskontinuierlichen Texten üben können.

Online-Link
· Zusatztext: Dieter Kasang: *Veränderung der mittleren Temperaturen*
310044-0031

Kapitel 5: Prosatexte schriftlich analysieren

Bevor Sie den Text lesen, denken Sie an die Fünf-Schritt-Lesemethode, die Sie auf S. 13 ff. kennen gelernt haben. Versuchen Sie, Vorwissen zu aktivieren. Überlegen Sie, ob Sie den Autor des Textes kennen. Kennen Sie weitere Texte von ihm? Wissen Sie etwas über sein Leben?

JOHANN PETER HEBEL

Unverhofftes Wiedersehen

Sankt Luciä: Festtag der Heiligen Lucia am 13. Dezember, der bis in die Mitte des 18. Jahrhunderts in Schweden als kürzester Tag und Tag der Wintersonnenwende galt.

(Sankt) Johannis: Der Johannistag (24. Juni) erinnert an die Geburt Johannes des Täufers.

Vitriol: kristallwasserhaltige Sulfate (Salze der Schwefelsäure)

In Falun in Schweden küsste vor guten fünfzig Jahren und mehr ein junger Bergmann seine junge hübsche Braut und sagte zu ihr: „Auf Sankt Luciä wird uns unsere Liebe von des Priesters Hand gesegnet. Dann sind wir Mann und Weib und bauen uns ein eigenes Nestlein." – „Und Friede und Liebe soll darin wohnen", sagte die schöne Braut mit holdem Lächeln, „denn du bist mein Einziges und Alles, und ohne dich möchte ich lieber im Grab sein, als an einem anderen Ort." Als sie aber vor St. Luciä der Pfarrer zum zweiten Mal in der Kirche ausgerufen hatte: *„So nun jemand Hindernis wüsste anzuzeigen, warum diese Personen nicht möchten ehelich zusammenkommen"*, da meldete sich der Tod. Denn als der Jüngling den andern Morgen in seiner schwarzen Bergmannskleidung an ihrem Haus vorbei ging, der Bergmann hat sein Totenkleid immer an, da klopfte er zwar noch einmal an ihrem Fenster und sagte ihr guten Morgen, aber keinen guten Abend mehr. Er kam nimmer aus dem Bergwerk zurück, und sie saumte vergeblich selbigen Morgen ein schwarzes Halstuch mit rotem Rand für ihn zum Hochzeitstag, sondern als er nimmer kam, legte sie es weg und weinte um ihn und vergaß ihn nie.

Unterdessen wurde die Stadt Lissabon in Portugal durch ein Erdbeben zerstört, und der Siebenjährige Krieg ging vorüber, und Kaiser Franz der Erste starb, und der Jesuitenorden wurde aufgehoben und Polen geteilt, und die Kaiserin Maria Theresia starb, und der Struensee wurde hingerichtet, Amerika wurde frei, und die vereinigte französische und spanische Macht konnte Gibraltar nicht erobern. Die Türken schlossen den General Stein in der Veteraner Höhle in Ungarn ein, und der Kaiser Joseph starb auch. Der König Gustav von Schweden eroberte russisch Finnland, und die Französische Revolution und der lange Krieg fing an, und der Kaiser Leopold der Zweite ging auch ins Grab. Napoleon eroberte Preußen, und die Engländer bombardierten Kopenhagen, und die Ackerleute säeten und schnitten. Der Müller mahlte, und die Schmiede hämmerten, und die Bergleute gruben nach Metalladern in ihrer unterirdischen Werkstatt. Als aber die Bergleute in Falun im Jahr 1809 etwas vor oder nach Johannis zwischen zwei Schachten eine Öffnung durchgraben wollten, gute dreihundert Ellen tief unter dem Boden, gruben sie aus dem Schutt und Vitriolwasser den Leichnam eines Jünglings heraus, der ganz mit Eisenvitriol durchdrungen, sonst aber unverwest und unverändert war; also dass man seine Gesichtszüge und sein Alter noch völlig erkennen konnte, als wenn er erst vor einer Stunde gestorben, oder ein wenig eingeschlafen wäre an der Arbeit. Als man ihn aber zu Tag ausgefördert hatte, Vater und Mutter, Gefreundte und Bekannte waren schon lange tot, kein Mensch wollte den schlafenden Jüngling kennen oder etwas von seinem Unglück wissen, bis die ehemalige Verlobte des Bergmanns kam, der eines Tages auf die Schicht gegangen war und nimmer zurückkehrte. Grau und zusammengeschrumpft kam sie an einer Krücke an den Platz und erkannte ihren Bräutigam; und mehr mit freudigem Entzücken als mit Schmerz sank sie auf die geliebte Leiche nieder, und erst als sie sich von einer langen heftigen Bewegung des Gemüts erholt hatte: „Es ist mein Verlobter", sagte sie endlich, „um den ich fünfzig Jahre lang getrauert hatte und den mich Gott noch einmal sehen lässt vor meinem Ende. Acht Tage vor der Hochzeit ist er unter die Erde gegangen und nimmer herauf gekommen." Da wurden die Gemüter aller Umstehenden von Wehmut und Tränen ergriffen, als sie sahen die ehemalige Braut jetzt in der Gestalt des hingewelkten kraftlosen Alters und den Bräutigam noch in seiner jugendlichen Schöne, und wie in ihrer Brust nach 50 Jahren die Flamme der jugendlichen Liebe noch einmal erwachte; aber er öffnete den Mund nimmer zum Lächeln oder die Augen zum Wiedererkennen; und wie sie ihn endlich von den Bergleuten in ihr Stüblein tragen ließ, als die Einzige, die ihm angehöre und ein Recht an ihn habe, bis sein Grab gerüstet sei auf dem Kirchhof. Den andern Tag, als das Grab gerüstet war auf dem Kirchhof und ihn die Bergleute holten, schloss sie ein Kästlein auf, legte sie ihm das schwarzseidene Halstuch mit roten Streifen um und begleitete ihn alsdann in ihrem Sonntagsgewand, als wenn es ihr Hochzeitstag und nicht der Tag seiner Beerdigung wäre. Denn als man ihn auf dem Kirchhof ins Grab legte, sagte sie: „Schlafe nun wohl, noch einen Tag oder zehen im kühlen Hochzeitbett, und lass dir die Zeit nicht lange werden. Ich habe nur noch wenig zu tun und komme bald, und bald wird's wieder Tag. Was die Erde einmal wiedergegeben hat, wird sie zum zweiten Mal auch nicht behalten", sagte sie, als sie fortging und noch einmal umschaute.

› Analysieren Sie die Kalendergeschichte „Unverhofftes Wiedersehen“ von Johann Peter Hebel. Berücksichtigen Sie dabei besonders die Zeitgestaltung und die Motive des Textes.

1. Text lesen/ erstes Textverständnis formulieren → **2.** Text aspektorientiert untersuchen → **3.** Deutungsthese formulieren → **4.** Gliederung erstellen → **5.** Aufsatz schreiben → **6.** Aufsatz überarbeiten

1a. Lesen Sie den Text „Unverhofftes Wiedersehen“ und halten Sie Ihre ersten Eindrücke stichwortartig fest.

1b. Formulieren sie kurz, worum es in diesem Text geht.

1c. Halten Sie fest, welche Hinweise die Aufgabenstellung für die Analyse des Textes gibt.

INFO

Textbeschreibung

Im Hauptteil eines Interpretationsaufsatzes zu einem literarischen Text sollte vor der eigentlichen Darstellung der Analyseergebnisse eine knappe Textbeschreibung stehen, die bei epischen Texten folgende Aspekte umfasst:

- **Ort** und **Zeit** des Geschehens und die daran beteiligten wichtigen **Personen** (sowie gegebenenfalls die knappe Zusammenfassung der Vorgeschichte)
- Entwicklung des Geschehens in Form einer knappen **Zusammenfassung**, die sich am Textverlauf orientiert
- **Ergebnis der Handlung** bzw. die Situation, wie sie sich am Ende eines Textes für den Leser darstellt

Achtung: Schreiben Sie die Textzusammenfassung stets im Präsens!

1d. Notieren Sie zunächst Ort und Zeit der Handlung sowie die Personen. Fassen Sie dann stichpunktartig die Handlungsschritte im Text zusammen und notieren Sie abschließend das Ergebnis der Handlung.

Ort, Zeit, Personen: ______

Z. 1 bis 22: ______

Z. 23 bis 39: ______

Z. 40 bis 73: ______

______

Z. 74 bis 86: ______

______

Ergebnis der Handlung: ______

______

1d. Formulieren Sie eine erste Deutungshypothese.

______

______

INFO

Deutungshypothesen finden

Deutungshypothesen zu entwickeln, ist nicht immer einfach. Oft ist es hilfreich,

- wenn man eine erste Bewertung der inhaltlichen Entwicklung im Text vornimmt: Wie stellt sich die Situation am Anfang dar, wie am Schluss? Wie kommt es zu dieser Veränderung bzw. warum verändert sich nichts?
- wenn man Auffälligkeiten im Text untersucht: Überrascht die Sprache? Oder die Gestaltung von Raum und Zeit?
- wenn man nach wiederkehrenden Motiven sucht: Gibt es übergeordnete Motive? Welches Motiv übt die stärkste Wirkung aus?
- wenn man die Überschrift einbezieht: Gibt sie Hinweise für die Textdeutung?

1. Text lesen/erstes Textverständnis formulieren → **2. Text aspektorientiert untersuchen** → 3. Deutungsthese formulieren → 4. Gliederung erstellen → 5. Aufsatz schreiben → 6. Aufsatz überarbeiten

Prosatexte lassen sich unter einer Vielzahl von Aspekten untersuchen. Man unterscheidet dabei zwischen textimmanenten und textüberschreitenden Aspekten. Textimmanente Aspekte ergeben sich aus der Betrachtung des vorgelegten Textes bzw. Textauszugs, bei textüberschreitenden Aspekten werden Fragen zum Autor, zur Epoche, zur Textsorte einbezogen.

INFO

Prosatexte untersuchen

Textimmanente Aspekte zum Erschließen von Prosatexten

- Erzählform und Erzählverhalten (Er-/Sie-Erzähler? Ich-Erzähler? Auktorialer Erzähler)
- Figurendarstellung und Figurenkonstellation?
- Erzählhaltung?
- Darstellungsform?
- Handlungsaufbau?
- Gestaltung von Zeit und Raum?
- Motive und Bildlichkeit?
- Sprachliche Gestaltung (Stil, Wortwahl und Satzbau, Verwendung von Gliederungssignalen, ...)?

Textüberschreitende Analyseaspekte

- Zeitkontext: politisch-soziale und geistesgeschichtliche Situation?
- Epochentypische Bezüge (literaturgeschichtlicher Zusammenhang)?
- Genre, z. B. Kurzgeschichte, Jugendbuch, Novelle, Roman ...?
- Biografie und Werk des Autors?
- Perspektive des Lesers: individuelle Interessen, Vorkenntnisse, ..., aktuelle Bezüge bzw. Relevanz?

Eine genaue Erläuterung der einzelnen Aspekte finden Sie auf S. 38 ff.

2a. Lesen Sie den Text noch einmal durch und wählen Sie geeignete Erschließungsaspekte aus. Die Aufgabenstellung gibt Ihnen in diesem Fall entscheidende Hilfen. Auffallend an der Geschichte von Johann Peter Hebel ist der weite zeitliche Bogen, der gespannt wird. Es liegt deshalb nahe, zuerst die Zeitgestaltung des Textes in den Blick zu nehmen. Das wird auch von der Aufgabenstellung verlangt.

TIPP

Sinnvolle **Erschließungsaspekte** können sich ergeben aus:
- Anknüpfungspunkten zur Aufgabenstellung
- der Deutungshypothese
- auffälligen Textmerkmalen (Sprache, Zeitgestaltung, Motivstruktur usw.)
- Bezügen zur Epoche, zur Autorenbiografie, zur Gegenwart des heutigen Lesers

2b. Halten Sie stichwortartig die Zeitgestaltung in dem Text fest.

INFO

Motive untersuchen

Unter einem Motiv versteht man zentrale Elemente eines Stoffs, die bei der künstlerischen Gestaltung wiederholt aufgegriffen werden und für die Bedeutung eines Textes wichtig sind. Motive können z. B. Handlungssituationen (Abschied, ...), Figurenkonstellationen (eifersüchtiger Ehemann, ...), zentrale Beweggründe für das Handeln der Figuren (Gier, ...), aber auch Gegenstände (das rote Kleid, ...) oder Vorgänge (Regen, ...) u. a. sein.

Achten Sie bei der Untersuchung der Motivstruktur eines Textes auf:
- den Titel und zentrale Schlüsselwörter
- das Thema eines Textes
- Wiederholungen und semantische Ähnlichkeiten (z. B. „Blut“ und „rot“, ...)

2c. Ermitteln Sie die Motive des Textes. Untersuchen Sie, wie die zentralen Themen „Liebe“ und „Tod“ sprachlich variiert werden.

2d. Die Themen und Motive um „Tod“ und „Liebe“ stehen im engen Zusammenhang mit der Zeitgestaltung und dem Motiv des Tages. Beschreiben Sie diesen Zusammenhang.

2e. Überprüfen Sie mit Hilfe der Infobox, welche weiteren Analyseaspekte für eine Interpretation des Textes „Unverhofftes Wiedersehen“ ergiebig sein könnten. Halten Sie die Ergebnisse stichwortartig fest.

INFO

Sprache eines Textes beschreiben

Besonders achten sollten Sie auf:

- die **Wortwahl**: Finden sich Wortfamilien oder Wortfelder? Gibt es auffällige andere Wortbeziehungen (z. B. Wörter mit gegenteiliger Bedeutung, Ober- oder Unterbegriffe)? Werden häufig Fremdwörter oder umgangssprachliche, dialektale, veraltete, ... Wörter verwendet? Gibt es Wortneubildungen? ...
- die **Wortformen** und die **Wortbildung**: Gibt es auffällige Konjunktiv- oder Passivformen? Werden in einem Erzähltext neben dem Präteritum auch andere Tempora verwendet? Finden sich viele Komposita oder Nomen mit einem bestimmten Suffix (z. B. „-ung", „-keit")? ...
- den **Satzbau**: Ist der Satzbau überwiegend parataktisch oder hypotaktisch? Werden häufig Attribute verwendet? Wiederholen sich bestimmte Satzbaumuster (z. B. Hauptsatz + Nebensatz mit „dass")...
- den **Stil** insgesamt: Wie lässt sich der Stil beschreiben (z. B. umgangssprachlich, altertümlich, salopp, ...) und an welche Schreibweise oder Textsorte (z. B. Amtsdeutsch, biblische Sprache, ...) erinnert er? Gibt es auffällige rhetorische Figuren? ...

Achtung: Finden Sie keine sprachlichen Auffälligkeiten, dann schreiben Sie auch das (z. B. „Der in einem einfachen standardsprachlichen Deutsch verfasste Text ...").

2f. Charakterisieren Sie kurz die Sprache im Text von Hebel. Belegen Sie Ihre Einschätzungen durch Beispiele aus dem Text.

2g. Weisen Sie nach, dass es sich beim Text „Unverhofftes Wiedersehen" um eine Kalendergeschichte handelt. Nutzen Sie dazu die Definition der Kalendergeschichte auf S. 39.

1. Text lesen/ erstes Textverständnis formulieren → 2. Text aspektorientiert untersuchen → **3. Deutungsthese formulieren** → 4. Gliederung erstellen → 5. Aufsatz schreiben → 6. Aufsatz überarbeiten

3a. Bewerten Sie die folgende Deutungsthese einer Schülerin.

`Deutungsthese: Der Text „Unverhofftes Wiedersehen" thematisiert die Liebe und macht deutlich, welchen Wert die Treue für die wahre Liebe hat.`

Bewertung:

3b. Überprüfen Sie nun auf der Grundlage Ihrer Arbeitsergebnisse Ihre ursprüngliche Deutungshypothese und korrigieren Sie diese gegebenenfalls.

Meine abschließende Deutungsthese:

1. Text lesen/ erstes Textverständnis formulieren → 2. Text aspektorientiert untersuchen → 3. Deutungsthese formulieren → **4. Gliederung erstellen** → 5. Aufsatz schreiben → 6. Aufsatz überarbeiten

4a. Erstellen Sie in Ihrem Heft eine Gliederung für Ihren Interpretationssaufsatz. Hinweise finden Sie in der Infobox auf S. 22 f. Nutzen Sie außerdem den im Lösungsteil abgedruckten Musteraufsatz.

1. Text lesen/ erstes Textverständnis formulieren → 2. Text aspektorientiert untersuchen → 3. Deutungsthese formulieren → 4. Gliederung erstellen → **5. Aufsatz schreiben** → 6. Aufsatz überarbeiten

5a. Schreiben Sie dann den Interpretationsaufsatz.

TIPP

Schreiben eines Interpretationsaufsatzes

Hinweise zur Gestaltung der Einleitung

Eine Einleitung sollte in der Regel bestimmte Informationen (Autor, Titel, Textsorte, Entstehungszeit, Thema) enthalten. Falls Sie – wie viele andere auch – „Angst vor dem weißen Blatt" haben, prägen Sie sich am besten eine Standardformulierung ein (z. B. „In der 18 . . . entstandenen/veröffentlichten . . . Novelle/Kurzgeschichte . . . schildert/erzählt . . . wie/dass . . .").

Vor dem Verfassen der Einleitung sollten Sie sich darüber bewusst sein, wie Sie den Schluss gestalten wollen. Achten Sie darauf, dass sich zwischen der Einleitung und dem Schluss ein „roter Faden" spannt.

Hinweise zur Gestaltung der Textübergänge

Versuchen Sie, ein schematisches Abarbeiten der einzelnen Untersuchungspunkte zu vermeiden und flüssige Übergänge zwischen den Textteilen zu gestalten:

› Sie leiten aus Ihrer bisherigen Darstellung Fragen ab (typische Formulierung: „Aus dem Gesagten ergibt sich die Frage, wie/ob . . ."), die Sie dann im nachfolgenden Textteil aufgreifen bzw. beantworten.
› Sie greifen wichtige Inhalte und/oder Begriffe im nachfolgenden Textteil wieder auf und beleuchten diese in einem anderen (übergeordneten) Zusammenhang (z. B. „Auch in der Figur der ehemaligen Braut wird deutlich, wie/dass . . .").

Hinweise zur Gestaltung des Schlusses

Der Schluss Ihrer Arbeit ist nicht weniger wichtig als die Einleitung. Einen prägnanten Schluss können Sie folgendermaßen gestalten:

› Sie resümieren Ihre Analyse, greifen das bzw. die für Sie wichtigsten Ergebnisse heraus und unterstreichen deren Bedeutung.
› Wenn Sie im ersten Teil (in der Einleitung bzw. zu Beginn des Hauptteils) mit einer Deutungsthese gearbeitet haben, so greifen Sie jetzt darauf zurück und überprüfen diese. Entweder bestätigen, widerlegen oder variieren Sie sie (jeweils mit Begründung).
› Sie entwickeln ein Urteil – sei es zum Inhalt, der Argumentation oder zur ästhetischen Gestalt der Texte. Das sollten Sie aber nur dann tun, wenn Sie dieses Urteil auch gut begründen können.
› Sie fragen nach der Bedeutung des Textes für Sie selbst oder die Gegenwart.

1. Text lesen/ erstes Textverständnis formulieren → 2. Text aspektorientiert untersuchen → 3. Deutungsthese formulieren → 4. Gliederung erstellen → 5. Aufsatz schreiben → **6. Aufsatz überarbeiten**

6a. Überarbeiten Sie Ihren Aufsatz anhand der Hinweise auf S. 22 f. und 37.

Online-Link
Zusatztext: Arthur Schnitzler: *Die grüne Krawatte*
310044-0037

Unter dem Online-Link finden Sie einen weiteren Text, an dem Sie die Analyse von Prosatexten üben können.

Fachbegriffe zur Prosatextanalyse

Autor:

Autor und **Erzähler** sind nicht identisch. Der reale Autor erschafft vielmehr eine fiktive Erzählerstimme. Die Werte und die Weltsicht, die offen (explizit) oder verdeckt (implizit) durch diese Erzählerstimme vermittelt werden, dürfen nicht mit den tatsächlichen Ansichten des Autors gleichgesetzt werden.

Darstellungsform:

Der Erzähler verfügt über unterschiedliche Darstellungsformen, um dem Leser das Geschehen zu präsentieren:

Erzähler	*Figuren*
Bericht: straffe, geraffte Darstellung der Handlung in zeitlicher Abfolge	**direkte Rede**
Beschreibung: anschauliche Darstellung, z. B. von Schauplätzen, Figuren, Gegenständen	**indirekte Rede**
Szenische Darstellung: breite Erzählweise, meistens mit erzählter Figurenrede und Entfaltung der Situation (ähnlich der Szene im Drama)	**Erlebte Rede**: Wiedergabe von Gedanken und Gefühlen einer Figur in der 3. Person (ohne direkte oder indirekte Rede) im Präteritum
Kommentar: Eingreifen des Erzählers mit Bemerkungen, Urteilen oder Überlegungen	**Innerer Monolog**: Wiedergabe von Gedanken und Gefühlen einer Figur in der 1. Person im Präsens

Erzählform:

Er-/Sie-Erzähler oder Ich-Erzähler

Erzählhaltung:

Einstellung, mit der der Erzähler dem Leser die fiktionale Welt vermittelt (sachlich, ironisch, humorvoll, kritisch, melancholisch, …), was sich auf die Art der Darstellung und die Sprache auswirkt.

Erzählverhalten:

- **Auktoriales Erzählen**: Erzähler hat einen Überblick über das Geschehen und das Innere der Figuren (= allwissender Erzähler). Er kann sich einmischen, kommentieren usw. und damit die Sicht- und Wahrnehmungsweise des Erzählten lenken. Sein Standort liegt außerhalb des Geschehens.
- **Personales Erzählen**: Erzähler übernimmt eine Figurenperspektive und erzählt aus deren Sicht. Er ist am Geschehen beteiligt – sowohl der Er-/Sie-Erzähler als auch der Ich-Erzähler können jeweils auktorial oder personal erzählen.
- **Neutrales Erzählen**: Erzähler scheint ganz zu verschwinden. Das Geschehen wird dem Leser scheinbar unvermittelt vor Augen gestellt.

Figuren:

Der Erzähler kann seine Figuren (= Personen in einer Erzählung) **direkt charakterisieren** (beschreibend oder wertend) oder eine Figur durch eine andere bzw. durch die Figur selbst (direkt) charakterisieren lassen. Er kann sie aber auch **indirekt charakterisieren**, d. h., dass sich der Charakter aus den Äußerungen und dem Verhalten einer Figur erschlossen werden muss. Der Gestaltung einer Figur liegt eine bestimmte Figurenkonzeption zugrunde: Figuren können gestaltet sein als Typen oder individuelle Charaktere, sie können eine Entwicklung durchmachen (dynamische Charaktere) oder nicht (statische Charaktere).

Figurencharakteristik:
Aspekte der Charakterisierung können sein:

Äußeres Erscheinungsbild	Alter, Aussehen, Kleidung, …
Lebensumstände	Beruf, ökonomische Lage, gesellschaftliches Umfeld, …
Verhalten	Handeln, Sprechweise, Mimik, Gestik, …
Beziehung zu anderen Figuren	Verhalten und Einstellung ihnen gegenüber, verwandtschaftliche, freundschaftliche usw. Verbindungen, …
Innere Einstellung	Interessen, Absichten (Ziele, Pläne, …), Gedanken, Gefühle, …

Figurenkonstellation:
Der Erzähler plant auch die Beziehungen zwischen den Figuren sorgfältig; es ergeben sich drei Hauptkonstellationstypen:

- **Zentralfigur** („Held"), d. h., dass nur eine Figur im Zentrum steht.
- **Protagonist** (Spieler) – **Antagonist** (Gegenspieler), d. h., im Figurenensemble dominieren zwei gegensätzliche Hauptfiguren.
- **Dreieckskonstellation**, d. h., drei Figuren, die jeweils zueinander in Beziehung stehen, stehen im Zentrum.

Handlung:
Komposition des Gesamtgeschehens (das meist auf einem **Stoff** beruht) durch den Autor. Häufig orientiert an bestimmten Handlungsmustern, die sich über Jahrhunderte in der Literatur entwickelt haben (z. B. die abenteuerliche Reise, die unglückliche Liebe, der Kampf gegen das Böse). Man kann unterscheiden zwischen:

- Haupthandlung und Nebenhandlung(en)
- Rahmenhandlung und Binnenhandlung
- äußerer Handlung (Ereignisse) und innerer Handlung (Gefühle und Gedanken)

Da der Begriff Handlung die Erwartung erzeugt, dass die Figuren aktiv das Geschehen steuern, was aber vielfach gar nicht der Fall ist, wird oft der Begriff **Plot** bevorzugt. Die Handlung kann strukturiert sein durch:

- die zeitliche Abfolge der Ereignisse (z. B. synchron – diachron; kontinuierlich – diskontinuierlich)
- die Handlungsstränge (einsträngig, mehrsträngig, verflochten)
- ein oder mehrere Motive (d. h. wiederkehrende thematische Elemente)
- andere erkennbare formale Strukturen (Spiegelungen, Kreisform, Gleichzeitigkeit, Montage, Mehrperspektivik, …)

Genres:
Erzählgattung, erzählende Form, in der das Geschehen präsentiert wird. Wichtige epische Formen sind u. a.:

- **Erzählung**: längerer, bewusst gestalteter Text, der nicht die Breite des Romans und nicht die dramatische Komposition der Handlung der Novelle besitzt.
- **Kalendergeschichte**: kurze volkstümliche Erzählung mit lehrhafter Absicht; wurde ursprünglich in Kalendern für Bauern und Handwerker veröffentlicht.
- **Kurzgeschichte**: erzählt eine besondere Begebenheit; Ausschnitt aus dem Leben weniger Figuren unter Verknappung der Handlung zum Nach- oder Weiterdenken. Die Figuren werden nur durch Merkmale gezeichnet, die für die Geschichte unmittelbar von Bedeutung sind. Der Einstieg erfolgt meist unvermittelt, der Schluss ist häufig offen.

- **Novelle** (*ital. = kleine Neuigkeit*): längere Erzählung mit einem geschlossenen Aufbau; ähnlich wie im Drama entwickelt sich ein zentraler Konflikt. In der Regel nimmt ein Schicksal auf einem Höhe- oder Wendepunkt einen jähen Umschlag. Die Handlung entwickelt sich meist linear, auf eine episch breite Erzählweise wird verzichtet.
- **Parabel** (*griech. = Vergleich*): Erzählung, in der eine konkrete Ebene (Bildteil) auf eine allgemeine geistige Ebene (Sachteil) verweist, wobei sich aus dem Verhältnis der Ebenen zueinander die Bedeutung ergibt. In lehrhaften Parabeln kann das Verständnis aus dem Beispielcharakter der Bildebene erschlossen werden.
- **Roman**: von der Länge und Komplexität von anderen Genres abgegrenzt. Ideengehalt, Handlungsverlauf und Figurengestaltung sind vielschichtig. Es gibt eine Vielzahl an Romantypen wie z. B. den Kriminalroman, den Liebesroman, den Entwicklungsroman, den Jugendroman, den Briefroman, …
- **Satire** (auch in lyrischer oder szenischer/dramatischer Form): Spottdichtung, die mangelnde Tugend oder gesellschaftliche Missstände anklagt. Mögliche oder reale Verhältnisse werden dabei einseitig beschrieben oder extrem übertrieben, wodurch Einsichten radikal offengelegt werden.

Raum/Raumgestaltung:

Der Erzähler kann den Schauplatz oder „Raum" der Handlung entsprechend seiner Funktion gestalten. Folgende Grundfunktionen der Raumgestaltung lassen sich unterscheiden:

- **Schauplatz, Ort**: der Schauplatz der Handlung an sich kann bedeutungskonstituierend sein (Innenraum, öffentlicher Raum, Außenwelt, …); die einfache Beschreibung des Ortes kann bereits Aufschluss über Figurenkonstellationen oder Handlungszusammenhänge geben.
- **Ambiente**: die soziale Umwelt als Ausdruck des gesellschaftlichen Lebensstils einer Figur; Widerspiegelung der gesellschaftlichen Umwelt der Figur, z. B. bei Kleidung, Wohnung, Haltung, …
- **Soziales Milieu**: die soziale Umwelt in ihrer Funktion als kausal-determinierendes Milieu, das die Figur in ihrem Denken, Fühlen, Handeln und Sprechen prägt.
- **Stimmungsraum**: die Unterstreichung des Gemütszustandes einer Figur durch eine bestimmte Atmosphäre, z. B. Gewitterschwüle (kurz vor einem emotionalen Ausbruch der Figur) oder Sonnenschein (Heiterkeit und Gelassenheit der Figur).
- **Symbolischer Raum**: die Verdichtung der gesamten Thematik in anschaulichen, bedeutsamen Bildern (Symbolen) mit Verweisfunktion.

Zeit/Zeitgestaltung:

Die Zeitgestaltung ergibt sich aus dem Verhältnis zwischen erzählter Zeit (d. h. der Zeit, über die sich das erzählte Geschehen erstreckt) und der Erzählzeit (d. h. der Zeit, die man zum Erzählen bzw. Lesen/Vortragen braucht):

Zeitgestaltung	*(bevorzugte) Darbietungsform*	*Verhältnis von Erzählzeit und erzählter Zeit*
zeitraffendes Erzählen	Erzählerbericht	Erzählzeit < erzählte Zeit
zeitdeckendes Erzählen	szenische Darstellung	Erzählzeit = erzählte Zeit
zeitdehnendes Erzählen	Innerer Monolog, Bewusstseinsstrom	Erzählzeit > erzählte Zeit
	Erzählerkommentar	zeitneutral

Abweichungen von der Chronologie können sich durch **Rückblenden** (ein zurückliegendes Ereignis wird als Erinnerung oder Erklärung in die Erzählgegenwart eingebracht) oder **Vorausdeutungen** (= Verweise auf ein künftiges Geschehen) ergeben.

Kapitel 6: Dramatische Texte schriftlich analysieren

Bevor Sie den Text lesen, denken Sie an die Fünf-Schritt-Lesemethode, die Sie auf S. 13 kennen gelernt haben. Versuchen Sie, Vorwissen zu aktivieren. Überlegen Sie, ob Sie den Autor des Textes kennen? Kennen Sie weitere Texte von ihm? Wissen Sie etwas über sein Leben?

MAX FRISCH

Biedermann und die Brandstifter. Ein Lehrstück ohne Lehre

1. Szene

Stube

Gottlieb Biedermann sitzt in seiner Stube und liest die Zeitung, eine Zigarre rauchend, und Anna, das Dienstmädchen mit weißem Schürzchen, bringt eine Flasche Wein.

ANNA: Herr Biedermann?

Keine Antwort.

Herr Biedermann –

Er legt die Zeitung zusammen.

BIEDERMANN: Aufhängen sollte man sie. Hab ich's nicht immer gesagt? Schon wieder eine Brandstiftung. Und wieder dieselbe Geschichte, sage und schreibe: wieder so ein Hausierer, der sich im Dachboden einnistet, ein harmloser Hausierer …

Er nimmt die Flasche.

Aufhängen sollte man sie!

Er nimmt den Korkenzieher.

ANNA: Herr Biedermann –

BIEDERMANN: Was denn?

ANNA: Er ist noch immer da.

BIEDERMANN: Wer?

ANNA: Der Hausierer, der Sie sprechen möchte.

BIEDERMANN: Ich bin nicht zu Haus!

ANNA: Das hab ich ihm gesagt, Herr Biedermann, schon vor einer Stunde. Er sagt, er kenne Sie. Herr Biedermann, ich kann diesen Menschen nicht vor die Tür werfen. Ich kann's nicht!

BIEDERMANN: Wieso nicht?

ANNA: Nämlich er ist sehr kräftig …

Biedermann zieht den Korken.

BIEDERMANN: Er soll morgen ins Geschäft kommen.

ANNA: Ich hab's ihm gesagt, Herr Biedermann, schon dreimal, aber das interessiert ihn nicht.

BIEDERMANN: Wieso nicht?

ANNA: Er will kein Haarwasser.

BIEDERMANN: Sondern?

ANNA: Menschlichkeit …

Biedermann riecht am Korken.

BIEDERMANN: Sagen Sie ihm, ich werde ihn eigenhändig vor die Tür werfen, wenn er nicht sofort verschwindet.

Er füllt sorgsam sein Burgunderglas.

Menschlichkeit! …

Er kostet den Wein.

Er soll im Flur draußen warten. Ich komme sofort. Wenn er irgend etwas verkauft, ein Traktat oder Rasierklingen, ich bin kein Unmensch, aber – ich bin kein Unmensch, Anna, das wissen Sie ganz genau! – aber es kommt mir keiner ins Haus. Das habe ich Ihnen schon hundertmal gesagt! Und wenn wir drei freie Betten haben, es kommt nicht in Frage, sag ich, nicht in Frage. Man weiß, wohin das führen kann – heutzutage …

Anna will gehen und sieht, daß der Fremde eben eingetreten ist: ein Athlet, sein Kostüm erinnert halb an Strafanstalt und halb an Zirkus, Tätowierung am Arm, Lederbinde um die Handgelenke. Anna schleicht hinaus. Der Fremde wartet, bis Biedermann seinen Wein gekostet hat und sich umdreht.

SCHMITZ: Guten Abend.

Biedermann verliert die Zigarre vor Verblüffung.

Ihre Zigarre, Herr Biedermann –

Er hebt die Zigarre auf und gibt sie Biedermann.

BIEDERMANN: Sagen Sie mal –

SCHMITZ: Guten Abend!

BIEDERMANN: Was soll das heißen? Ich habe dem Mädchen ausdrücklich gesagt, Sie sollen im Flur draußen warten. Wieso – ich muß schon sagen … ohne zu klopfen …

SCHMITZ: Mein Name ist Schmitz.

BIEDERMANN: Ohne zu klopfen.

SCHMITZ: Schmitz Josef.

Schweigen

Guten Abend!

› Analysieren Sie den Auszug aus dem Beginn des Stücks „Biedermann und die Brandstifter" von Max Frisch. Berücksichtigen Sie dabei die Gestaltung der Figur Biedermann und nehmen Sie Stellung zur Frage, wie die weitere Handlung des Stücks verlaufen könnte.

1. Text lesen/ erstes Textverständnis formulieren → **2.** Text aspektorientiert untersuchen → **3.** Deutungsthese formulieren → **4.** Gliederung erstellen → **5.** Aufsatz schreiben → **6.** Aufsatz überarbeiten

1a. Lesen Sie den Auszug aus dem Stück „Biedermann und die Brandstifter" von Max Frisch und halten Sie Ihre ersten Eindrücke stichwortartig fest.

____

____

____

1b. Formulieren Sie kurz, worum es in dem Ausschnitt geht.

____

____

____

____

1c. Halten Sie fest, welche Hinweise die Aufgabenstellung für die Analyse des Textes gibt.

____

____

1d. Formulieren Sie eine erste Deutungshypothese.

____

____

1. Text lesen/ erstes Textverständnis formulieren → **2. Text aspektorientiert untersuchen** → **3.** Deutungsthese formulieren → **4.** Gliederung erstellen → **5.** Aufsatz schreiben → **6.** Aufsatz überarbeiten

2a. Der Auszug gehört zur Exposition des Stücks. (Der Begriff „Exposition" wird auf S. 46 unter „Fünf-Akt-Schema des klassischen Dramas" erklärt.) Halten Sie stichwortartig fest, was Sie über die folgenden Aspekte erfahren bzw. erschließen können.

Ort, Zeit der Handlung: ______________________________

____

Vorgeschichte: ______________________________

____

____

INFO

Dramatische Texte untersuchen

Textimmanente Aspekte zum Erschließen von Dramentexten
- Figurenkonzeption und Figurenkonstellation?
- Handlungsaufbau?
- Gestaltung von Zeit und Raum?
- Sprachliche Gestaltung (Verssprache, hoher oder niederer Stil)?

Textüberschreitende Analyseaspekte
- Zeitkontext: politisch-soziale und geistesgeschichtliche Situation?
- Epochentypische Bezüge, z. B. Drama des Sturm und Drang, des Naturalismus?
- Genre, z. B. Tragödie, Komödie, Lehrstück ...?
- Biografie und Werk des Autors?
- Perspektive des Lesers: individuelle Interessen, Vorkenntnisse, ..., aktuelle Bezüge bzw. Relevanz?

Eine genaue Erläuterung der einzelnen Aspekte finden Sie auf S. 46 ff.

Zentrale Figuren: ______________________________

____

Konflikt: ______________________________

____

____

INFO

Charakterisierung von Figuren

Figuren werden **direkt charakterisiert** durch:
- äußere Merkmale (Aussehen, Kleidung, ...)
- innere Merkmale (Eigenschaften, Einstellungen)
- sozialer Stand
- Regieanweisungen bzw. Nebentexte
- durch Äußerungen anderer Figuren (Achtung: die Charakterisierung muss nicht zutreffen)
- durch eigene Äußerungen der Figur (Achtung: die Charakterisierung muss nicht zutreffen)

Figuren werden **indirekt charakterisiert** durch:
- ihre Sprache und Sprechweise (samt Mimik und Gestik)
- ihre Handlungsweisen und ihr Verhalten
- den Vergleich mit Kontrastfiguren

2b. Halten Sie zunächst stichwortartig fest, was Sie über Biedermann und Schmitz (als Kontrastfigur) im Text erfahren bzw. erschließen können. Achten Sie dabei auch auf die Regieanweisungen.

	Biedermann	*Schmitz*
Äußere Merkmale		
Innere Merkmale		
Verhalten		

INFO

Sprache im Drama

Im **klassischen Drama** wird meist eine Kunstsprache verwendet, d.h., alle Personen sprechen auf der gleichen hohen Ebene und in Versform. In der Aufklärung und Klassik war der Blankvers (= ungereimter fünfhebiger Jambus) die am meisten verwendete Versform im Drama. Dialoge in historischen Dramen sind gekennzeichnet durch:

- eine klare thematische Entfaltung
- Hinführung auf ein Ergebnis
- Verzahnung der Äußerungen (Rede und Gegenrede)
- die Verdeutlichung von Handlungen und Gefühlen.

Im **modernen Drama** nähert sich die Sprache der Umgangssprache, die Figurenrede ist nicht mehr metrisch gebunden. Kommunikationsschwierigkeiten sind häufig anzutreffen: Die Figuren gehen nur mehr oder weniger aufeinander ein, monologisieren oder reden aneinander vorbei.

2c. Untersuchen Sie die sprachliche Gestaltung des Ausschnitts. Nutzen Sie die Infobox über Sprache im Drama. Belegen Sie Ihre Aussagen mit Zitaten aus dem Text.

es werden meist kurze Sätze verwendet
alltäglicher Wortschatz
ungewöhnliche Wortfolgen

2d. Untersuchen Sie das Kommunikationsverhalten von Biedermann genauer. Wie verhält sich Biedermann im Verlauf des Gesprächs gegenüber Anna und gegenüber Schmitz? Beachten Sie auch das nonverbale Verhalten.

Biedermanns Verhalten gegenüber Anna	*Biedermanns Verhalten gegenüber Schmitz*
gestört wein trinken wichtiger als das Gespräch	irritiert unsicher

2e. Fassen Sie das Geschehen im Ausschnitt stichwortartig zusammen und vergleichen Sie es mit der Vorgeschichte. Formulieren Sie dann Ihre Vermutungen über den weiteren Handlungsverlauf. Beziehen Sie auch den Titel des Stückes mit ein.

Vorgeschichte	Es gehen offenbar Brandstifter (vgl. den Titel „Biedermann und die Brandstifter") in der Stadt um, die sich als „harmlose Hausierer" in Häuser einschleichen und sich dort „einnisten", d.h. wohnen.
Geschehen im Ausschnitt	wird von einem "harmlosen" Hausierer besucht will sich auch nicht abwimmeln lassen er kann sich nicht durchsetzen
Prognose zum weiteren Handlungsverlauf	auf Grund des titels kann man vermuten das der Hausierer ein Brandstifter ist.

1. Text lesen/ erstes Textverständnis formulieren → 2. Text aspektorientiert untersuchen → **3. Deutungsthese formulieren** → 4. Gliederung erstellen → 5. Aufsatz schreiben → 6. Aufsatz überarbeiten

3a. Formulieren Sie Ihre Deutungsthese. Schauen Sie, wenn nötig, auf S. 36 nach, wie eine solche These aussehen könnte.

Biederman könnte zum Opfer des Hausieres werden.

1. Text lesen/ erstes Textverständnis formulieren → 2. Text aspektorientiert untersuchen → 3. Deutungsthese formulieren → **4. Gliederung erstellen** → 5. Aufsatz schreiben → 6. Aufsatz überarbeiten

4a. Erstellen Sie in Ihrem Heft eine Gliederung für Ihren Aufsatz. Vergleichen Sie dazu die Infobox auf S. 22 f. und S. 37.

1. Text lesen/ erstes Textverständnis formulieren → 2. Text aspektorientiert untersuchen → 3. Deutungsthese formulieren → 4. Gliederung erstellen → **5. Aufsatz schreiben** → 6. Aufsatz überarbeiten

5a. Lesen Sie den nachfolgenden Auszug aus einem Interpretationsaufsatz und bewerten Sie ihn inhaltlich und formal.

> […] Die Figur Biedermann wird uns in seinem häuslichen Umfeld vorgestellt: Zigarre rauchend saß er in seiner Stube, rauchte eine Zigarre und ließ sich von seinem Dienstmädchen Anna eine Flasche Wein bringen, die er während seiner Zeitungslektüre entkorkte. In der Zeitung wurde von einem weiteren Fall (im Text erfahren wir nur, dass es sich um eine „Geschichte" handelt, aber aufgrund des Titels kann man schließen, dass es sich bei dieser „Geschichte" um eine „Brandstiftung" handelt), worüber sich Biedermann sehr aufregte: „Aufhängen sollte man sie!" (Z. 10 und 16). Hieraus kann man schon schließen, dass er eher konservativ ist und keine Gnade kennt. Er pocht auf sein Recht, was sich auch daran zeigt, wie er sein Dienstmädchen Anna anherrschte: „Das habe ich Ihnen schon hundertmal gesagt." (Z. 48 f.). […]

Bewertung: die Aussagen sind inhaltlich korrekt, besser zitieren es treten wiederholungen auf, mehr Textbelege,

1. Text lesen/ erstes Textverständnis formulieren → 2. Text aspektorientiert untersuchen → 3. Deutungsthese formulieren → 4. Gliederung erstellen → 5. Aufsatz schreiben → **6. Aufsatz überarbeiten**

5b. Schreiben Sie nun Ihren eigenen Interpretationsaufsatz.

6a. Überarbeiten Sie Ihren Aufsatz. Benutzen Sie dazu die Hinweise auf S. 22 f. und S. 37.

Unter dem Online-Link finden Sie einen weiteren Text, an dem Sie die Analyse von dramatischen Texten üben können.

Online-Link
· Zusatztext: Max Frisch: *Andorra*
310044-0045

Fachbegriffe zur Dramentextanalyse

Dramatische Genres:

Die dramatischen Genres entsprechen entweder epochenübergreifenden Handlungs- und Konfliktlösungsmustern (z. B. Tragödie, Komödie, Tragikomödie, Groteske) oder aber epochenspezifischen Mustern (z. B. klassisches Drama, bürgerliches Trauerspiel, soziales Drama). Auch nach den Absichten eines Autors lässt sich unterscheiden (z. B. Lehrstück oder Parabel). Außerdem haben sich spezifische mediale Formen (z. B. Oper, Fernsehspiel, Puppentheater) entwickelt.

Dramatisches Sprechen:

Folgende Formen lassen sich unterscheiden:

- **Dialog**: von zwei oder mehr Figuren abwechselnd geführte Rede und Gegenrede
- **Monolog**: Selbstgespräche einer Bühnenfigur
- **Beiseitesprechen**: eine Bühnenfigur sagt etwas, das ihre Dialogpartner auf der Bühne nicht hören, wohl aber das Publikum
- **Botenbericht**: eine Bühnenfigur berichtet von vergangenen Ereignissen, die auf der Bühne nicht dargestellt werden können; der Botenbericht ist, wie die Teichoskopie, ein Mittel der drei „Einheiten" im „geschlossenen Drama"
- **Teichoskopie**: Mauerschau; durch den Bericht eines Beobachters – oft von erhöhter Warte aus – werden gleichzeitig ablaufende Ereignisse vergegenwärtigt, die auf der Bühne nicht darstellbar sind, z. B. Schlachten oder Schiffskatastrophen
- **Chor**: im (antiken) Drama eine Gruppe von Figuren, die durch Sprechgesänge die Handlung auf der Bühne kommentiert, aber auch die Spielfiguren oder die Zuschauer direkt anspricht

Figuren:

Hauptfiguren eines Dramas sind in der Regel als **komplexe Charaktere** mit individuellen Eigenschaften entworfen. Komplexe Charaktere haben ein unverwechselbares Schicksal, bestimmen den Gang der Handlung entscheidend mit, sprechen eine eigene Sprache und zeigen individuelle Eigenschaften. Viele **Nebenfiguren** sind dagegen nicht wegen ihres Charakters wichtig, sondern nur für den Fortgang der Handlung nötig. Häufig sind diese Figuren auf einen Charakteraspekt reduziert; man spricht dann von **Typen**.

Fünf-Akt-Schema des klassischen Dramas:

Das klassische Drama folgt in seinem Aufbau folgendem Schema:

- **Akt I** (= Einstieg in die Handlung/Exposition): Ort und Zeit des Geschehens sowie die Vorgeschichte werden deutlich, die wichtigsten Figuren werden vorgestellt, der Konflikt angedeutet.
- **Akt II** (= Steigerung/Klimax): Handlung wird durch ein steigerndes Moment in Gang gesetzt, der Handlungskonflikt wird deutlich sichtbar.
- **Akt III** (= Höhepunkt/Peripetie): Konflikt kommt zum Ausbruch, seine Unlösbarkeit wird zum entscheidenden Wendepunkt im Schicksal einer Figur.
- **Akt IV** (= fallende Handlung/Retardation): Katastrophe wird durch ein retardierendes Moment (z. B. Hoffnung auf eine Lösung des Konflikts) hinausgezögert.
- **Akt V** (= Katastrophe): Handlungskonflikt führt zum Untergang des Helden (bzw. zu einer schlimmen Folge für die Figuren).

Handlung:

Es wird zwischen verschiedenen Arten von Handlungen unterschieden:

- **äußere Handlung**: Geschehen auf der Bühne oder auf anderen Handlungsschauplätzen
- **innere Handlung**: Vorgänge und Entwicklungen, die sich im Inneren der Figuren abspielen

- **offene Handlung**: auf der Bühne sichtbare Handlung
- **verdeckte Handlung**: Geschehen, das auf der Bühne nicht sichtbar ist und dem Zuschauer durch Figurenrede vermittelt wird. Botenbericht oder Teichoskopie sind Möglichkeiten, für den Zuschauer nicht sichtbare Handlung wiederzugeben.

Konflikt:

Das Aufeinandertreffen von Personen mit gegensätzlichen Auffassungen oder Absichten führt zu Parteienbildung und zum Konflikt. Im traditionellen Drama eröffnet und bestimmt der Konflikt den Verlauf der Handlung (über Höhe- und Wendepunkt zur Lösung). Konfliktlösungsmuster führen zur Bildung dramatischer Genres. In der **Tragödie** endet der Konflikt meist mit der Katastrophe, in der **Komödie** mit der Auflösung aller Verwicklungen und einem glücklichen Ende.

Regieanweisungen:

In den Regieanweisungen, meistens kursiv gesetzt, informiert der Autor über Ort und Zeit des Geschehens und über das Verhalten seiner Figuren. Zusammen mit dem Titel des Stücks und dem Personenverzeichnis bilden sie den sogenannten **Nebentext**.

Strukturelemente des Dramas:

Man unterscheidet:

- **Szene** (Auftritt): Unterabschnitt der dramatischen Handlung, der meist mit einem Figurenwechsel einhergeht und einen Handlungsschritt bildet.
- **Akt** (Aufzug): Hauptabschnitt der dramatischen Handlung (vgl. auch das Stichwort „Fünf-Akt-Schema des klassischen Dramas").
- **Prolog**: Vorrede bzw. -spiel, das in die Thematik des Stückes einführt.
- **Epilog**: Nachspiel, das die Handlung reflektiert.
- **Zwischenspiel**: Unterbrechung der eigentlichen Handlung durch kurze, meist komische Szenen, im epischen Theater auch durch Lieder.

Strukturmuster:

geschlossenes Drama	*offenes Drama*
Einsträngige Haupthandlung, die auf ein Ziel hinführt; Nebenhandlungen sind auf die Haupthandlung bezogen; kausale und überzeugende Schrittigkeit der Handlung (= Einheit der Handlung)	Oft mehrere gleichgewichtige Handlungsstränge, lockere Struktur der Einzelszenen; Zusammenhang wird über die Figuren und/oder Leitmotive geschaffen
Mündige, selbstbestimmte Figuren, die das Geschehen durch ihr Handeln bestimmen	Antihelden, die von ihrem sozialen Umfeld bestimmt werden; wenig Gestaltungsspielraum
Wenige Personen, unterteilt nach Haupt- und Nebenfiguren; übersichtliche Figurenkonstellation, oft Held und Gegenspieler oder auch Dreieckskonstellation	Vielzahl von Figuren, die oft den unterschiedlichsten sozialen Schichten entstammen; keine eindeutige Figurenkonstellation
Eindeutiger Anfang, markiert durch das Eintreten einer Konfliktsituation; eindeutige Lösung am Schluss, Klärung der Vorgeschichte in einer Exposition	Unvermittelter Beginn, Vorgeschichte wird nicht geliefert, offener Schluss
Handlung spielt innerhalb eines kurzen Zeitraums (= Einheit der Zeit)	Handlung kann (mit Zeitsprüngen) längeren Zeitraum (oft Jahre) umspannen
Wenig Schauplätze (= Einheit des Ortes)	Häufig viele Handlungsorte, die auch weit voneinander entfernt sein können
Kunstsprache (meist Verssprache), jedoch ist eine individualisierte Charakterisierung der Figuren durch die Sprache möglich	Realistische Alltagssprache; oft mangelnde Artikulationsfähigkeit der Figuren (bis hin zur Sprachlosigkeit)
Bühnenwelt als idealisiertes Bild der Wirklichkeit	Bühnenwelt als Abbild der Wirklichkeit, die in ihrer Komplexität kaum zu erfassen ist

Kapitel 7: Lyrische Texte schriftlich analysieren

Bevor Sie das Gedicht lesen, denken Sie an die Fünf-Schritt-Lesemethode, die Sie auf S. 13 kennen gelernt haben. Versuchen Sie, Vorwissen zu aktivieren. Überlegen Sie, ob Sie den Autor des Textes kennen? Kennen Sie weitere Texte von ihm? Wissen Sie etwas über sein Leben?

CLEMENS BRENTANO

Der Spinnerin Nachtlied

Es sang vor langen Jahren
Wohl auch die Nachtigall,
Das war wohl süßer Schall,
Da wir zusammen waren.

Ich sing' und kann nicht weinen,
Und spinne so allein
Den Faden klar und rein,
So lang der Mond wird scheinen.

Als wir zusammen waren,
Da sang die Nachtigall,
Nun mahnet mich ihr Schall,
Dass du von mir gefahren.

So oft der Mond mag scheinen,
Denk' ich wohl dein allein,
Mein Herz ist klar und rein,
Gott wolle uns vereinen.

Seit du von mir gefahren,
Singt stets die Nachtigall,
Ich denk' bei ihrem Schall,
Wie wir zusammen waren.

Gott wolle uns vereinen
Hier spinn' ich so allein,
Der Mond scheint klar und rein,
Ich sing' und möchte weinen!

› Analysieren Sie das Gedicht „Der Spinnerin Nachtlied" von Clemens Brentano.

1. Text lesen – erstes Textverständnis formulieren → **2.** Text aspektorientiert untersuchen → **3.** Deutungsthese formulieren → **4.** Gliederung erstellen → **5.** Aufsatz schreiben → **6.** Aufsatz überarbeiten

1a. Lesen Sie das Gedicht „Der Spinnerin Nachtlied" von Clemens Brentano und halten Sie Ihre ersten Eindrücke stichwortartig fest.

1b. Formulieren Sie kurz, worum es in dem Gedicht „Der Spinnerin Nachtlied" geht.

1c. Halten Sie fest, welche Hinweise die Aufgabenstellung für die Analyse des Textes gibt.

1d. Lesen Sie das Gedicht „Der Spinnerin Nachtlied" noch einmal und formulieren Sie dann eine Deutungshypothese.

INFO

Deutungshypothesen finden

Deutungshypothesen zu entwickeln ist bei Gedichten nicht immer einfach. Oft ist es hilfreich,

- wenn man eine erste Bewertung der inhaltlichen Entfaltung im Gedicht vornimmt: Wie stellt sich die Situation am Gedichtanfang dar, wie am Schluss? Wie kommt es zu dieser Veränderung bzw. warum verändert sich nichts?
- wenn man zentrale Motive entschlüsselt und/oder gliedert: Gibt es übergeordnete Motive? Welches Motiv übt die stärkste Wirkung aus?
- wenn man die Überschrift auf den Gedichttext bezieht.

Sinnvolle **Erschließungsaspekte** können sich auch ergeben aus:

- Anknüpfungspunkten zur Aufgabenstellung
- Eindrücken vom Text (der Deutungshypothese)
- auffälligen Textmerkmalen (Bildlichkeit, Motivstruktur, rhetorische Figuren, Metrum, Gedichtform, ...)
- Bezügen zur Epoche, zur Autorenbiografie, zur Gegenwart des heutigen Lesers

1. Text lesen – erstes Textverständnis formulieren → **2. Text aspektorientiert untersuchen** → 3. Deutungsthese formulieren → 4. Gliederung erstellen → 5. Aufsatz schreiben → 6. Aufsatz überarbeiten

Gedichte lassen sich unter einer Vielzahl von Aspekten untersuchen. Wir unterscheiden dabei zwischen textimmanenten und textüberschreitenden Aspekten (vgl. Infobox). Textimmanente Aspekte ergeben sich aus der Betrachtung des vorgelegten Gedichts, bei textüberschreitenden Aspekten werden Fragen zum Autor, zur Epoche, zur Textsorte einbezogen.

INFO

Gedichte untersuchen

Textimmanente Aspekte zum Erschließen von Gedichten
- Sprecher, lyrisches Ich, Sprechsituation?
- Thema, Stoff, Motive?
- Aufbau/Struktur?
- Bildlichkeit?
- Vers- und Strophenform? Reim?
- Metrum und Rhythmus?
- Klanggestalt?
- Sprache bzw. sprachliche Mittel (rhetorische Figuren)?

Textüberschreitende Analyseaspekte
- Zeitkontext: politisch-soziale und geistesgeschichtliche Situation?
- Epochentypische Bezüge, z. B. Gedicht der Romantik, des Sturm und Drang?
- Lyrisches Genre, z. B. Volkslied, Stadtgedicht, Liebesgedicht, ...?
- Biografie und Werk des Autors?
- Perspektive des Lesers: individuelle Interessen, Vorkenntnisse, ..., aktuelle Bezüge bzw. Relevanz?

Eine genaue Erläuterung der einzelnen Aspekte finden Sie auf S. 54 ff.

2a. Untersuchen Sie nun strophenweise den Inhalt des Gedichts „Der Spinnerin Nachtlied" und vergleichen Sie den Gedichtanfang mit dem Gedichtende. Beschreiben Sie anschließend die Situation des lyrischen Ich.

Gedichtanfang: ______________________________

____

Gedichtende: ______________________________

____

Situation des lyrischen Ich: ______________________________

____

____

2b. Beschreiben Sie den formalen Aufbau des Gedichts „Der Spinnerin Nachtlied".

Metrum/Rhythmus: ______________________________

____

Reimschema: ______________________________

____

Gedichtform: ______________________________

____

INFO

Gedichtformen

Es gibt drei **Gedichtformen**, die Sie im Rahmen einer Gedichtanalyse erkennen und auf die Sie dann auch im Rahmen Ihres Interpretationsaufsatzes eingehen sollten:

- **Ballade**: Erzählgedicht, das eine düstere Grundstimmung aufweist und auf einen Höhepunkt hin erzählt wird. Balladen enthalten gewöhnlich Figurenrede (Dialoge, Monologe). Man kann so sagen, dass Balladen sowohl lyrische (Metrum, Reim usw.), epische (Erzählform) als auch dramatische Elemente (Figurenrede) enthalten.
- **Lied/Volkslied**: Gedichtform, die meist aus vierzeiligen gereimten Strophen bestehen. Oft finden sich Kehrreime (z. B. in Form eines Refrains); die Verse sind dabei drei- oder vierhebig. Der Inhalt des Gedichtes ist schlicht, d. h., es werden Themen von allgemein menschlichem Gehalt behandelt, die von allen verstanden bzw. nachempfunden werden können.
- **Sonett** (vom italienischen Wort *sonetto* „kleiner Ton"): Gedichtform, die aus zwei vierzeiligen Strophen (den sog. Quartetten) und zwei dreizeiligen Strophen (den sog. Terzetten) besteht. Das Reimschema folgt ursprünglich dem Muster abab/abab oder abba/abba bei den Quartetten und cdc/dcd bzw. cde/cde bei den Terzetten, wird aber vielfach abgewandelt. Inhaltlich werden in Sonetten oft Gegensätze und zugleich eine inhaltliche Entwicklung ausgedrückt.

TIPP

Beschreibung von Formelementen

Grundsätzlich gilt, dass alle formalen Aspekte eines Gedichts in Beziehung zum Gedichtinhalt bzw. der Gedichtaussage gesetzt werden sollten. Die bloße Feststellung, dass in einem Gedicht z. B. eine bestimmte rhetorische Figur vorkommt, genügt nicht. Die formale Gestaltung (Gedichtform, Reimschema, Metrum/Rhythmus) sollten Sie allerdings immer kurz beschreiben.

2c. Untersuchen Sie die Bildlichkeit und die Motivstruktur des Gedichts. Markieren Sie zusammengehörige Bild- bzw. Motivbereiche mit jeweils derselben Farbe. Berücksichtigen Sie hierbei bereits den Epochenkontext Romantik (vgl. Infobox). Fixieren Sie anschließend Ihre Ergebnisse schriftlich.

INFO

Romantik

Die Romantik kann als eine Gegenbewegung zur Aufklärung und zur Klassik verstanden werden, die im Gegensatz zu diesen Strömungen das Emotionale und rational nicht Fassbare betont und eine „Universalpoesie" (= Verschmelzung von verschiedenen poetischen Gattungen mit der Philosophie und Rhetorik) anstrebt. Insbesondere die Dichter der Hochromantik (1804–1815), der Clemens Brentano zuzurechnen ist, nehmen sich die einfachen Formen des Volksliedes zum Vorbild.

Häufige Motive der Romantik sind: Reise, Sehnsucht, Nacht, Musik, Fantasie, Liebe und Glaube.

1. Text lesen – erstes Textverständnis formulieren	→	2. Text aspektorientiert untersuchen	→	**3. Deutungsthese formulieren**	→	4. Gliederung erstellen	→	5. Aufsatz schreiben	→	6. Aufsatz überarbeiten

3a. Überprüfen Sie auf der Grundlage Ihrer Arbeitsergebnisse Ihre Deutungshypothese und korrigieren Sie gegebenenfalls. Formulieren Sie abschließend Ihre Deutungsthese.

Deutungsthese: ____

____

____

1. Text lesen – erstes Textverständnis formulieren	→	2. Text aspektorientiert untersuchen	→	3. Deutungsthese formulieren	→	**4. Gliederung erstellen**	→	5. Aufsatz schreiben	→	6. Aufsatz überarbeiten

Gliederung eines Interpretationsaufsatzes Lyrik	*Schülerbeispiel*
<u>Einleitung</u> führt zum Spezifischen des Gedichts und zur eigenen Deutung hin, z. B.: Thema des Gedichts, zentrale Motive, auffällige Textmerkmale, Bezug zur eigenen Lebenswelt …	Wer unter Liebeskummer leidet, sollte sich das Gedicht „Der Spinnerin Nachtlied" von Clemens Brentano aus dem Jahre 1818 zu „Herzen" nehmen.
<u>Hauptteil</u> enthält eine schlüssige Interpretation durch › klare These zur Deutung des Gedichts	Gedicht nimmt die Leser durch seine Bauweise gefangen und lässt ihn das Klagelied der Spinnerin schön finden
› Stützung der Deutung durch die – sachlich richtige Beschreibung des Gedichts, d. h. den Aspekten der Gedichtanalyse. Achten Sie dabei auf eine korrekte Verwendung der Fachbegriffe.	› typische Liedform (sechs vierzeilige Strophen mit einem dreihebigen Jambus und eingängigem Rhythmus; refrainartige Wiederholungen, z. B. „Da wir zusammen waren.", „Als wir zusammen waren", „Wie wir zusammen waren.") › Strophen durchgängig mit umarmenden Reimen, wobei die a-Reime stets weiblich, die b-Reime stets männlich enden › auffällig ist, dass in 24 Versen nur vier Reime verwendet werden („-aren" bzw. „-ahren", „-all", „-ein" und „-einen"); die Reime bilden außerdem gewissermaßen „ei"- und „a"-Strophen › sehr viele Sätze werden variiert ein- oder zweimal wiederholt
– nachvollziehbare Darstellung des Zusammenhangs zwischen der Deutung und den Erschließungsaspekten. Achten Sie darauf, dass Sie die Erschließungsergebnisse angemessen gewichten und durch Zitate belegen.	→ Gedicht fast „einlullend" durch die formale Gestaltung; es kommt hinzu, dass es im Gedicht praktisch keine inhaltliche Entwicklung gibt: so wirkt das Gedicht kreisförmig, ohne Ende (wie das „Spinnen" selbst; tatsächlich klagt die Spinnerin schon „lange Jahre")

Gliederung eines Interpretationsaufsatzes Lyrik	*Schülerbeispiel*
- die nachvollziehbare und sachlich richtige Darstellung möglicher Zusammenhänge zwischen Ihren Untersuchungsergebnissen und der Biografie des Autors und des Zeitkontextes.	Gedicht ist bestimmt von Motiven der Romantik (vgl. „Nachtlied"); mit der „Nacht" korrespondieren die Nachtigall und der Mond, mit der Musik die Gedichtform Lied und der „Schall" der Nachtigall; bestimmend ist auch die Sehnsucht durch die Erinnerung der Spinnerin an ihren Geliebten über „lange Jahre" hinweg sowie die Gefühlsbetontheit
Schluss greift die Deutung des Gedichtes auf, z. B. in Form einer Zusammenfassung, der persönlichen Bewertung, der Hervorhebung einzelner Untersuchungsaspekte …	Ist Liebeskummer schön? → Bei „Der Spinnerin Nachtlied" kann man sich diesem Eindruck nicht entziehen. Auch wenn hier typische romantische Motive variiert werden, so bleibt doch die Schönheit der Verse in ihrem kunstvollen Bau

Bewertung: ____________________

____

____

____

____

____

____

4a. Überarbeiten Sie das Schülerbeispiel.

1. Text lesen – erstes Textverständnis formulieren → 2. Text aspektorientiert untersuchen → 3. Deutungsthese formulieren → 4. Gliederung erstellen → **5. Aufsatz schreiben** → 6. Aufsatz überarbeiten

5a. Schreiben Sie dann den Interpretationsaufsatz zum Gedicht „Der Spinnerin Nachtlied".

1. Text lesen – erstes Textverständnis formulieren → 2. Text aspektorientiert untersuchen → 3. Deutungsthese formulieren → 4. Gliederung erstellen → 5. Aufsatz schreiben → **6. Aufsatz überarbeiten**

6a. Überarbeiten Sie anschließend Ihren Aufsatz. Beachten Sie die Hinweise auf S. 37.

Unter dem Online-Link finden Sie einen weiteren Text, an dem Sie die Analyse von lyrischen Texten üben können.

Online-Link
- Zusatztext: Andreas Gryphius: *Einsamkeit*

310044-0053

Fachbegriffe zur Analyse lyrischer Texte

Bildlichkeit:

Sprachliche Bilder vermitteln die für die Lyrik charakteristische Anschaulichkeit und Gefühlsintensität und erzeugen Mehrdeutigkeiten. Ein sprachliches Bild steht selten allein, sondern bildet vielmehr mit anderen Bildern Bildkomplexe.

- **Allegorie**: verbildlicht einen abstrakten Vorgang oder Begriff, wobei die Beziehung zwischen dem Dargestellten und dem Gemeinten gedanklich nachvollziehbar oder konventionell festgelegt sein muss. So steht z. B. der Gott *Amor* für Liebe.
- **Chiffre**: bezeichnet ursprünglich ein Geheimzeichen, das nur mit einem Schlüssel dechiffriert werden kann. In der modernen Lyrik ein verkürztes, verrätseltes Zeichen, das auf eine bildliche Ausführung verzichtet und erst durch die Dichtung mit Bedeutung aufgeladen wird, z. B. *Schwarze Milch der Frühe wir trinken sie abends*.
- **Metapher**: bildhafte Übertragung, durch die im Kontext eine neue Bedeutung entsteht, z. B. *Gedankenflug*
- **Metonymie**: ersetzt das eigentlich gemeinte Wort durch ein anderes, das zu ihm in enger Beziehung steht, z. B. *das Weiße Haus gab bekannt* (statt: *die Regierung/der Präsident der USA*)
- **Personifikation**: Gegenstände bzw. Naturerscheinungen werden als handelnde Personen dargestellt, z. B. *die Nacht schleicht in die Häuser*
- **Symbol**: sinnlich wahrnehmbares Zeichen, das auf geistige Sinnzusammenhänge oder Ideen verweist, die kulturell bzw. traditionell festgelegt sind, z. B. *Taube* (als Symbol des Friedens)
- **Vergleich**: setzt zwei Bereiche durch einen Vergleichspunkt in Beziehung; sprachliche Indikatoren sind Vergleichspartikel (wie, als ob/wäre, …), z. B. *schlau wie ein Fuchs*

Klanggestalt:

Ein Gedicht erzielt seine Wirkung und Ausdruckswerte vor allem über die Klanggestalt der Verse. Klangfarbe, Lautmalerei und Reim erzeugen wesentliche akustische Reize.

- **Klangfarbe**: Helle oder dunkle Vokale, weiche oder harte Konsonanten, d. h., die Tönung durch die Aussprache einzelner Laute oder Worte, können verschiedene Natureindrücke oder Gefühlszustände spiegeln, z. B. *Riechst du, wie die Flammen rauchen, / brenzlig, brutzlig, brandig schmauchen …*
- **Lautmalerei**: Die Onomatopöie ahmt akustische Eindrücke durch sprachliche Bildungen (Wort oder Satz) nach, um beim Leser die gleichen Sinneseindrücke zu erzeugen, z. B. *Wie der Regen tropft, Regen tropft, / an die Scheiben klopft!*

Anfang und Ende eines Verses sind hinsichtlich der Klanggestalt meist besonders hervorgehoben:

Ein **Auftakt** liegt vor, wenn der Vers mit einer oder mehreren unbetonten Silben beginnt.	*Es (= unbetont) schlúg mein Hérz, geschwínd zu Pférde*
Mit dem Begriff **Kadenz** beschreibt man die metrische Struktur des Versendes. Folgt auf die letzte betonte noch eine unbetonte Silbe, spricht man von einer **klingenden** oder **weiblichen Kadenz**.	*Féstgemáuert in der Érden …*
Verse, die mit einer Betonung enden, haben eine **stumpfe** oder **männliche Kadenz**.	*… Stéht die Fórm, aus Léhm gebránnt.*

Sprecher, Adressat:

Im Gedicht wird vom Autor eine Perspektivfigur geschaffen, die die Dinge dem Leser aus ihrer Sicht vermittelt. Der Sprecher kann sich als **lyrisches Ich** (der Sprecher benennt sich selbst mit „ich") oder als **Rollen-Ich** (d. h., das „ich" steht für eine typische Figur, z. B. ein liebendes Mädchen) äußern oder ganz zurücktreten (d. h., der Sprecher verweist nicht mit dem Pronomen „ich" auf sich selbst). Der Sprecher kann sich dabei an eine oder mehrere Personen, also an einen **Adressaten**, wenden. Der Adressat kann benannt sein (z. B. „du") oder unbenannt bleiben.

Reim:

Mit Reim bezeichnet man den Gleichklang von mindestens zwei Wörtern von ihrer letzten betonten Silbe an (z. B. Rang/Gang, leben/geben). Nach der Stellung des Reims im Vers unterscheidet man:

Anfangsreim: Die ersten Silben zweier aufeinanderfolgender Verse reimen sich.	*Krieg! Ist das Losungswort.* *Sieg! Und so klingt es fort.*
Binnenreim: Zwei oder mehr Wörter innerhalb eines Verses reimen sich.	*Bei stiller Nacht zur ersten Wacht ...*
Endreim: Die letzen Silben am Ende zweier oder mehrerer Verse reimen sich.	*Es stand vor eines Hauses Tor* *Ein Esel mit gespitztem Ohr.*
Kehrreim: Wiederkehrende Wörter oder Sätze am Strophenende (= Refrain).	*Röslein, Röslein, Röslein rot,* *Röslein auf der Heiden.*

Häufig auftretende Formen des Endreims sind:

- **Paarreim**: aabb
- **Kreuzreim**: abab
- **umschließender (umarmender) Reim**: abba
- **Schweifreim**: aab, ccb
- **Haufenreim**: aaaa, bbbb

Nach der Lautgestalt des Reims unterscheidet man:

Reiner Reim: Die Laute stimmen vom letzten betonten Vokal an genau überein.	*Es stand vor eines Hauses Tor* *Ein Esel mit gespitztem Ohr.*
Reicher Reim: Der Gleichklang beginnt schon mit dem vorletzten betonten Vokal.	*tugendreiche – Jugendstreiche*
Halbreim: Reimen sich nur die letzten betonten Vokale, nicht aber die folgenden Konsonanten, spricht man von vokalischem Halbreim (= Assonanz).	*Ach neige,* *du Schmerzensreiche ...*
Unreiner Reim: Reimen sich die Konsonanten, stimmen aber die Vokale nur vom ungefähren Klangbild überein, spricht man von einem konsonantischen Halbreim oder unreinen Reim.	*Gemüt – Lied, Haus – schaust, sprießen – grüßen*
Identischer Reim: Der Reim entsteht jeweils durch dieselben Wörter.	*Geh, es hat keinen Zweck! / Ich wiege mit der Ähre, niemand weiß mein Versteck. / ... / doch hat es keinen Zweck – / Jetzt wieg ich mit der Ähre, / ... / im Wind ist mein Versteck.*

Rhetorische Figuren:

Mit dem Begriff **rhetorische Figur** (*rhetorisch* kommt vom griech. Wort für „Redner") bezeichnet man besondere Sprachverwendungen, die schon in der Antike bekannt waren und seither immer wieder verwendet wurden. Rhetorische Figuren kommen in allen Gattungen vor, spielen aber in der Lyrik eine besondere Rolle. Man unterscheidet:

- **Wortfiguren**: Wörter ähnlicher Sinnbereiche (z. B. Klimax, Metonymie, ...) oder Wiederholungen in gleicher oder ähnlicher Bedeutung (z. B. Anapher, Epipher, ...) oder in abgewandelter Form (z. B. Hyperbel, Litotes, ...)
- **Satzfiguren**: von der Alltagsnorm abweichende grammatische Konstruktionen eines Satzes (z. B. Parallelismus, Chiasmus, ...)
- **Gedankenfiguren**: beziehen sich auf den Gedankengang einer Aussage und erweitern Bedeutungen oder schaffen semantische Ergänzungen (z. B. Antithese, rhetorische Frage, ...)
- **Klangfiguren**: spielen mit dem Wortklang, stellen Wohlklang her, erzeugen Atmosphäre und laden den Text dadurch mit Bedeutung auf (z. B. Alliteration, Anapher, ...)

Häufige rhetorische Figuren sind:

Figur	*Erklärung*	*Beispiel*
Akkumulation	reihende Häufung von Begriffen	*Nenn's Glück! Herz! Liebe! Gott!*
Alliteration	Stabreim; Wiederholung des Anfangsbuchstabens von sinntragenden Wörtern	*mit Mann und Maus*
Anapher	Wiederholung eines Wortes oder einer Wortgruppe am Vers- oder Satzanfang	*Dieses Suchen und dies Finden, / Dieses Denken und Empfinden*
Antithese	Gegenüberstellung zweier Gedanken beliebigen Umfangs	*heiß ist die Nacht, kühl das Erwachen*
Asyndeton (Pl.: Asnydeta)	Häufung von Begriffen, die nicht mit „und", „oder" usw. verbunden sind	*Alles rennet, rettet, flüchtet.*
Chiasmus	nach der Form des griechischen Buchstabens „X (= Chi)": Überkreuzstellung von Sinneinheiten	*Verlangt eins zu rasten, / Ruht auch sein Gesell.*
Ellipse	Auslassung des Unwichtigen, zugleich ein grammatisch unvollständiger Satz	*Von der Menschheit nur ein Stück!*
Emphase	nachdrückliche Hervorhebung einer Aussage durch Betonung oder syntaktische Mittel	*Mein Gott!*
Epipher	Wiederholung eines Satzteils am Ende aufeinanderfolgender Wortgruppen	*Doch alle Lust will Ewigkeit, / will tiefe, tiefe Ewigkeit!*
Euphemismus	beschönigende Beschreibung	*Freund Hein (statt: Tod)*
Hyperbel	Übertreibung, Steigerung des Ausdrucks	*tausendprozentig*
Inversion	von der üblichen Verwendung abweichende Wortstellung (in der Lyrik oft aus rhythmischen Gründen)	*Bestraft muss er werden (statt: Er muss bestraft werden)*
Ironie	Verstellung, die das Gegenteil des Gemeinten formuliert	*(Wenn es regnet:) Das ist ja heute wieder mal ein tolles Wetter!*
Katachrese	gewollter oder ungewollter Bildbruch, Kombination nicht zueinander passender Bilder	*Das schlägt dem Fass die Krone ins Gesicht.*
Klimax	stufenweise Steigerung im Aussageinhalt	*Ich kam, sah, siegte.*
Litotes	scheinbare Untertreibung durch Verneinung	*Nicht ganz schlecht. (für: sehr gut)*
Onomatopoesie	Lautmalerei, schallnachahmende Wörter oder Fügungen	*Quaken, wauwau*
Oxymoron	Verbindung von zwei sich widersprechenden Begriffen	*Beredtes Schweigen*
Paradox	scheinbar oder tatsächlich unauflösbarer, unerwarteter Widerspruch	*Weniger ist mehr.*
Parallelismus	Wiederholung gleicher Satzbaumuster	*Das Wasser rauscht, das Wasser schwoll …*
Parenthese	Zwischenschaltung eines Satzes oder Gedankens in einen anderen Satz	*Komm – ich bitte dich – nicht schon wieder zu spät!*
Pleonasmus	Bedeutungswiederholung innerhalb einer Wortgruppe	*der nasse Regen*
rhetorische Frage	Frage, auf die keine Antwort erwartet wird	*Du hältst mich wohl für blöd?*
Synästhesie	Verbindung unterschiedlicher Sinneseindrücke	*Blickt zu mir der Töne Licht*

Figur	*Erklärung*	*Beispiel*
Tautologie	Häufung gleichbedeutender Wörter derselben Wortart	*Super-GAU*
Zeugma	Sonderform der Ellipse, bei der einem Satzglied zwei Fügungen zugeordnet werden	*Erst schlug er das Fenster, dann den Weg nach Hause ein.*

Rhythmus und Metrum:

Jede Form des Sprechens hat einen **Rhythmus**. Die Abfolge von betonten (Hebung) und unbetonten Silben (Senkung) und die Sprechweise (v. a. Tempo, Pausen) machen den Rhythmus aus. Er bestimmt die Wirkung/Aussage des Gedichts mit (z. B. fließend, spröde usw.). Das **Metrum** bindet die Hebungen und Senkungen in einer regelmäßigen Abfolge. Mehrere Takteinheiten, in denen es jeweils nur eine Hebung gibt, bilden den Vers. Dieser wird dann als zwei-, drei-, vierhebig (usw.) bezeichnet. Die Einheit selbst heißt Versfuß oder Metrum. Wichtig ist, die Formelemente nicht nur zu benennen, sondern auch auf ihre Wirkung (den sinnlich-emotionalen Eindruck) bzw. ihre Bedeutung einzugehen. Wichtige Taktarten sind:

- **Jambus** (unbetont, betont = x X): wirkt aufsteigend, beschleunigend, z. B. im Vers *Der Mónd ist áufgegángen …*
- **Trochäus** (betont, unbetont = X x): wirkt abfallend, beruhigend, z. B. im Vers *Ábend wírd es wíeder …*
- **Daktylus** (betont, unbetont, unbetont = X x x): wirkt fallend, z. B. im Vers *Wénn nun der sílberne Mónd …*
- **Anapäst** (unbetont, unbetont, betont = x x X): wirkt steigend, z. B. im Vers *Stiller Mónd, guter Fréund, warum wíllst du schon zíehn?*
- **Alexandriner** (sechshebiger Jambus mit Zäsur in der Versmitte = x X / x X / x X // x X / x X / x X / (x), z. B. im Vers *Was díeser héute báut, reißt jéner mórgen éin.*
- **freier Vers**: Verse von unterschiedlicher Länge mit wechselnder Hebungszahl, aber meistens alternierend (mit regelmäßigem Wechsel von Hebung und Senkung), z. B. *Der Géist der Médizín ist léicht zu fássen! / Ihr dúrchstudíert die gróß und kléine Wélt, / Um es am Énde géhn zu lassen, / Wie's Gótt gefállt.*

Vers, Strophe:

Erst der **Vers** – nicht der Reim – macht ein Gedicht zum Gedicht. Während ein Prosatext als Fließtext (wenn auch mit Absätzen und gegebenenfalls mit Zwischenüberschriften) gestaltet ist, ist ein Gedicht durch Zeilenbrüche gekennzeichnet. Stimmen Satzende und Zeilenende überein, spricht man von **Zeilenstil**. Überspringt der Satz das Zeilenende und wird im folgenden Vers fortgesetzt, liegt ein **Enjambement** (Zeilensprung) vor. Die **Strophe** bündelt die einzelnen Verse zu einer relativen inhaltlichen und/oder formalen Einheit. Es gibt freie Strophenformen, aber auch solche, die durch ihre Reimform oder auch durch die Metrik festgelegte Gedichtformen bilden: so z. B. das Sonett oder das Volkslied.

Kapitel 8: Rechtschreibung

Zeichensetzung

INFO

Kommas werden insbesondere gesetzt,
- um Glieder einer Aufzählung voneinander abzugrenzen,
- um Haupt- und Nebensätze voneinander abzugrenzen und
- um Infinitivgruppen vom übergeordnete Satz abzugrenzen.

Infinitivgruppen (Infinitiv mit „zu“) sind Satzergänzungen, die wie Nebensätze mit Kommas abgegrenzt werden, wenn der (erweiterte) Infinitiv mit „zu“
- mit *um, ohne, statt, anstatt, außer* oder *als* eingeleitet wird: *Sie las lieber einen Krimi, anstatt für die Klausur zu lernen.*
- von einem Nomen abhängt: *Sie wurde bei dem Versuch, von ihrer Nachbarin abzuschreiben, vom Lehrer erwischt.*
- von einem Verweiswort im übergeordneten Satz abhängt: *Sie hatte nicht damit gerechnet, beim Abschreiben erwischt zu werden. Sie liebt es, Krimis zu lesen.*

1. Setzen Sie dort, wo es nötig ist, die fehlenden Kommas ein. Begründen Sie Ihre Entscheidung.

   a Sie untersuchten den Text unter den Gesichtspunkten Figurenkonstellation Zeit- und Raumgestaltung.
   b Sie erhielten eine wichtige amtliche Mitteilung die sie sofort öffneten.
   c Jacob bat Janna sich mit ihm gemeinsam auf die Klausur vorzubereiten.
   d Jacob bat Janna darum sich mit ihm gemeinsam auf die Klausur vorzubereiten.
   e Jacob hatte die Idee sich gemeinsam mit Janna auf die Klausur vorzubereiten.
   f Janna sagte zu ohne sich die Sache lange zu überlegen.
   g Johannes hatte weil er so in Eile war den Rucksack zuhause vergessen.

Groß- und Kleinschreibung

INFO

Neben Satzanfängen, Substantiven und Eigennamen sowie den höflichen Anredepronomen schreibt man auch Wörter anderer Wortarten groß, wenn sie als Nomen verwendet werden (= Nominalisierungen). Nominalisierungen werden oft durch Signalwörter (Artikelwörter, Schmelzwörter, Pronomen, unbestimmte Zahlwörter) angezeigt, z. B.: das *Analysieren*, den Ball ins *Aus* spielen, etwas *Besonderes*.

2. Geben Sie die folgenden Sätze in der richtigen Groß- und Kleinschreibung wieder:

   a PLÖTZLICH HÖRTEN SIE EIN LEISES, ZAGHAFTES WISPERN. ______________________

   b ER GAB SEIN GELD FÜR ALLES MÖGLICHE AUS. ______________________

   c DIESES EWIGE HIN UND HER GING IHM AUF DIE NERVEN. ______________________

   d SIE BOT IHR DAS DU AN. ______________________

Getrennt- und Zusammenschreibung

INFO

Der Regelfall ist die Getrenntschreibung von Wörtern. Zusammen schreibt man vor allem:

- **Verbverbindungen mit *lassen* und *bleiben* als zweitem Bestandteil, wenn die Verbindung eine übertragene B edeutung hat, z. B.: (*den Gegenstand*) *stehen lassen/ stehenlassen* (= *sich abwenden*)**
- **Wortverbindungen aus Adjektiv und Verb, wenn sie eine übertragene Bedeutung haben, z. B.: *schwerfallen* (= Mühe verursachen), *freisprechen* (= nicht verurteilen)**
- **Verbpartikel, die mit Verben feste Verbindungen eingehen, z. B.: *Sie wollte ihm ihr Kommen zúsagen*. Dagegen: *Es gab hier nichts mehr zu ságen*.**
- **Zwei Adjektive, wenn der erste Bestandteil bedeutungsverstärkend oder -vermindernd ist (z. B.: *supergut, todlangweilig*), wenn der erste Bestandteil mit dem nachfolgenden Adjektiv gleichrangig ist (z. B.: *blaugrau, taubstumm*). Eine Zusammensetzung liegt ebenfalls vor, wenn ein längerer Ausdruck verkürzt wird (z. B.: *so breit wie ein Daumen → daumenbreit*)**

3. Geben Sie die entsprechenden Wörter in der richtigen Getrennt- und Zusammenschreibung wieder. Benutzen Sie ein Rechtschreibwörterbuch.

   a Sie konnte ihre Freundin in dieser Sache nicht hängen/lassen: ____________

   b Sie wollte die Verabredung nicht platzen/lassen: ____________

   c Sie wollte ihn bald einmal wieder/sehen. ____________

   d Sie wollte ihm in dieser Sache zuvor/kommen. ____________

   e Sie hat ihren Rucksack stehen/lassen. ____________

   f Er wollte bei seinem Referat frei/sprechen. ____________

Textkorrektur

INFO

Fehlerkorrektur

Bei der Fehlerkorrektur ist zwischen unterschiedlichen Fehlerarten zu unterscheiden:

- **Schreibfehler (fehlende oder verdrehte Buchstaben, fehlende Endungen): Um solche Schreibfehler zu finden, lesen Sie die einzelnen Wörter eines Textes am besten silben- oder sogar buchstabenweise.**
- **Fehler der Groß- und Klein-, der Getrennt- und Zusammenschreibung, der Worttrennung sowie der Zeichensetzung: Hier lesen Sie den Text am besten mehrmals und achten jeweils auf einen möglichen Fehlerschwerpunkt, also z. B. auf die Getrennt- und Zusammenschreibung.**

TIPP

Schlagen Sie in allen Zweifelsfällen der Groß- und Kleinsowie der Getrennt- und Zusammenschreibung im Wörterbuch nach.

Bei der Zeichensetzung sollten Sie sich für jedes Komma gedanklich kurz die Regel in Erinnerung rufen, nach der dieses Komma gesetzt werden muss. Wenn Sie keine Regel finden, ist die Wahrscheinlichkeit hoch, dass auch keines hingehört.

4. Korrigieren Sie den nachfolgenden Text einer Schülerin. Streichen Sie dazu jedes falsch geschriebene Wort durch und notieren es richtig in der linken Textspalte. Setzen Sie fehlende Satzzeichen mit roter Farbe.

	Korrekturen
Auch scheint Honnefelder nicht zu se- hen, das die neuen Medien überhaupt nicht auf Permanez angelegt sind. Die neuen Medien sind in erster Li- nie Kommunikationsmedien (Chatten, E-Mail, Blogs). Selbst dort wo sie auf eine gewisse Dauerhaftigkeiten zielen, z.B. im Bereich der Inter- netlexika, liegt doch Ihr immenser Vorteil in der schnellen Veränder- barkeit. Natürlich sind die Wikipe- dia-Einträge nicht in Stein gehauen. Wozu auch? Bis ein Autor mit Meißeln fertig währe, könnte die Information schon veraltet sein. Das Internet- Lexikon Wikipedia wiederlegt Honne- felder aber auch noch in einem zwei- ten Punkt. Es ist einfach nicht wahr, dass es im Internet keine Selektion gibt; nur dass sich Selektion dort in erster Linie als Kontrolle zeigt so können schlechte oder fehlerhafte Ar- tikel bei Wikipedia von allen Nutzern verbesssert und korrigiert werden, das heißt, dass die alten Einträge ausselektiert werden.	

Zitieren

INFO

Zitieren

- **In einer Sachtextanalyse oder einem Interpretationsaufsatz werden Zitate aus dem Text in Anführungszeichen gesetzt und mit einer Zeilenangabe versehen:**
  „Für unsere Kultur ist die Schriftlichkeit seit Jahrtausenden zum nicht wegzudenkenden Merkmal geworden." (Z. 10 f.)
- **Ergänzungen und Umstellungen werden durch eckige Klammern gekennzeichnet:**
  Honnefelder behauptet, dass „die Schriftlichkeit seit Jahrtausenden zum nicht wegzudenkenden Merkmal geworden [sei]" (Z. 10 f.).
- **Auslassungen werden durch drei Pünktchen (oft ebenfalls in eckigen Klammern) angezeigt:**
  Honnefelder behauptet, dass für „unsere Kultur die Schriftlichkeit [...] zum nicht wegzudenkenden Merkmal geworden [sei]" (Z. 10 f.).
- **Einzelne Wörter oder Wendungen können auch ohne Auslassungshinweise übernommen werden:**
  Honnefelder spricht einem Gespräch einen „oszillierende[n] Reiz" (Z. 82) zu.
- **Wird in Referaten oder Hausarbeiten aus Texten anderer zitiert, muss die genaue Quelle genannt werden: Autor, Titel und Seitenangabe.**

5. In den beiden nachfolgenden Textstellen sind Zitate aus dem Text „Kultur braucht Auswahl" von Gottfried Honnefelder enthalten. Die Zitate sind jedoch fehlerhaft. Markieren Sie die fehlerhaften Stellen und schreiben die Sätze korrekt auf.

GOTTFRIED HONNEFELDER

Kultur braucht Auswahl (vgl. S. 24)

Das elektronische Medium sucht aber nicht nur Ersatz für die Zeit überdauernde Präsenz von Tontafeln, Pergament und Papier, es sucht auch Ersatz für den Verlust von Öffentlichkeit. Je mehr Internet jeden mit jedem verbindet, desto mehr Digitalkommunitäten werden möglich, aber die Öffentlichkeit droht verloren zu gehen. Wenn jeder sich sein Fernsehprogramm zusammenstellen kann, sieht zwar jeder, was er mag, aber jeder sieht etwas anderes. Politische Demokratie aber braucht die Ausbildung öffentlicher Meinung, Kultur braucht das öffentlich geführte Gespräch. Deshalb ist ein Gemeinwesen bislang nicht ohne die Zeitung möglich, und sei es die Wandzeitung, und Kultur nicht ohne die gedruckte Literatur und das Theater.

a Honnefelder schreibt: „Je mehr Internet jeden mit jedem verbindet, desto mehr Kommunikation wird möglich, aber die Öffentlichkeit droht verloren zu gehen" Honnefelder, Z. 35).

Korrigierter Satz: ______________________________

____

____

b Honnefelder ist der Ansicht, dass „das elektronische Medium [...] Ersatz für die Zeit überdauernde Präsenz von Tontafeln, Pergament und Papier" (Z. 37ff.) suche.

Korrigierter Satz: ______________________________

____

____

6. Die beiden folgenden Sätze enthalten ebenfalls Zitate aus dem Honnefelder-Text. Schreiben Sie diese Sätze ab und ergänzen Sie die fehlenden Anführungszeichen, eckigen Klammern für Umstellungen und Auslassungen sowie jeweils die Zeilenangabe.

a Honnefelder stellt die These auf, dass politische Demokratie die Ausbildung öffentlicher Meinung brauche.

____

____

____

b Honnefelder meint weiter, dass ein Gemeinwesen deshalb bislang nicht ohne die Zeitung möglich sei.

____

____

____

Unter dem Online-Link finden Sie weitere Übungsaufgaben zur Rechtschreibung und zur Zeichensetzung.

Online-Link
· Arbeitsblätter: *Zeichensetzung/ Rechtschreibung*
310044-0061

Kapitel 9: Grammatik/Stil

INFO

Grammatik und Stil

Stil kann bestimmt werden als die Entscheidung eines Sprechers oder Schreibers für eine bestimmte sprachliche Variante unter vielen anderen Möglichkeiten (z. B. *Es regnete in Strömen. – Es schüttete. – Es goss wie aus Kübeln. – Der Himmel öffnete seine Pforten.* – usw.).

Der Stil wird dabei durch Wortwahl (z. B. *Antlitz – Gesicht – Fresse*), aber auch durch die **Grammatik** geprägt, z. B.:

- Einfacher (parataktischer) oder komplexer (hypotaktischer) Satzbau. (Vgl. Infobox S. 69)
- Aktiv oder Passiv: *Die Zuschauer spendeten nach der Aufführung den Künstlern viel Applaus. / Nach der Aufführung wurde den Künstlern viel Applaus gespendet.*)
- direkte oder indirekte Rede: *Einstein betont: „Die Entwicklung der Wissenschaft ... erfordert aber auch eine innere Freiheit.“ / Einstein betont, dass die Entwicklung der Wissenschaft auch eine innere Freiheit erfordere.*
- prädikatives Attribut oder Attributsatz: *eine spannend erzählte Geschichte / eine Geschichte, die spannend erzählt ist.*

Der Konjunktiv und die indirekte Rede

INFO

Der **Konjunktiv I** dient hauptsächlich zur Kennzeichnung der **indirekten Rede**. *Der Angeklagte sagte: „Ich bin unschuldig.“* (direkte Rede, Verbform im Indikativ) – *Der Angeklagte sagte, dass er unschuldig sei.* (indirekte Rede, Verbform im Konjunktiv)

In der **indirekten Rede** wird ein Zitat aus der Perspektive des Sprechers der indirekten Rede wiedergegeben. Die indirekte Rede ist also eine umgewandelte wörtliche Rede; wie bei der wörtlichen Rede gibt es einen Einleitungssatz (*Der Angeklagte sagte, dass ...*).

Bei der Umwandlung der wörtlichen in eine indirekte Rede werden

- alle **Pronomina sowie die Zeit- und Ortsangaben der Perspektive des Sprechers** angepasst
- alle **flektierten Verbformen im Konjunktiv** wiedergegeben. Ist der Konjunktiv I identisch mit derselben Form im Indikativ, wird der Konjunktiv II verwendet. Ist der Konjunktiv II mit derselben Form im Indikativ identisch, wird die würde-Umschreibung verwendet.

1. Formen Sie die wörtliche Rede in indirekte Rede um. Achten Sie bei der Umformung besonders auf die Pronomina sowie die Zeit- und Ortsangaben.

a Jenny sagte zu Peter: „Morgen komme ich zu dir.“ → Jenny sagte zu Peter, dass
sie morgen zu ihm komme. ✓

b Jenny sagte gestern zu Peter: „Morgen komme ich zu dir. → Jenny sagte gestern zu Peter, dass
sie heute zu ihm komme. ✓

c Ich sagte gestern zu Peter: „Morgen komme ich zu dir.“ → Ich sagte gestern zu Peter, dass
ich heute zu ihm käme. ✓

d Jenny sagte mir gestern: „Morgen komme ich zu dir. → Jenny sagte mir gestern, dass
sie heute zu mir komme. ✓

e Jana fragte mich: „Wann besuchst du mich?“ → Jana fragte mich,
wann ich sie besuchen würde. ✓

INFO

Auch in der indirekten Rede werden **drei Zeitstufen** unterschieden:

- **Gegenwart**
  Er sagte: „Ich bin in der Nähe und komme jetzt bald." (Indikativ Präsens) → *Er sagte zu mir, dass er in der Nähe sei und jetzt bald komme.* **(Konjunktiv Präsens)**
- **Vergangenheit**
  Er sagte: „Ich war in der Nähe und kam dann bald." (Indikativ Präteritum) → *Er sagte zu mir, dass er in der Nähe gewesen sei und dann bald käme."* **(Konjunktiv Präteritum)**
  Er sagte: „Ich habe ihn gesehen." (Indikativ Perfekt) → *Er sagte zu mir, dass er ihn gesehen habe.* **(Konjunktiv Perfekt)**
- **Zukunft**
  Er sagte: „Ich werde in der Nähe sein und dann bald kommen." (Indikativ Futur) → *Er sagte zu mir, dass er in der Nähe sein werde und dann bald kommen werde/würde.* **(Konjunktiv Futur)**

2. Kreuzen Sie an, welche Zeitstufen die folgenden indirekten Reden wiedergeben.

		Gegenwart	*Vergangenheit*	*Zukunft*
a	Marie sagte, dass sie hier sei.	✗ ✓		
b	Judith meinte, dass sie Zeit habe.	✗ ✓		
c	Paul meinte, dass sie ihn früher öfter getroffen habe.		✗ ✓	
d	Er sagte, dass er Julia gleich treffe.			✗ ✓
e	Sie sagte, dass sie im Sommer nach Madrid fahren würde.			✗ ✓
f	Esther sagte, dass die anderen schon schliefen.		✗ ✓	
g	Jacob sagte, dass er noch nie in Paris gewesen sei.		✗ ✓	
h	Merle sagte, dass sie ins Ausland gehen werde.			✗ ✓

3. Entscheiden Sie, welche der indirekten Reden jeweils korrekt ist.

a Ich sagte: „Mein Freunde schlafen alle lang."

Ich sagte, dass meine Freunde alle lange schlafen. ☐ richtig

Ich sagte, dass meine Freunde alle lange schliefen. ☐ richtig

Ich sagte, dass meine Freunde alle lange schlafen würden. ☒ richtig

INFO

In der indirekten Rede kommt es häufig vor, dass eine Verbform im Konjunktiv mit einer Verbform im Indikativ oder Konjunktiv identisch ist. In diesem Fall werden **Ersatzformen** verwendet:

- Ist der Konjunktiv I mit dem Indikativ identisch, wird der **Konjunktiv II** verwendet, z. B.: *Ich sagte ihm: „Ich habe keine Lust."*
  → ***Ich sagte ihm, dass ich keine Lust habe.***
  (*ich habe*: Indikativ Präsens = Konjunktiv I)
  → ***Ich sagte ihm, dass ich keine Lust hätte.***
  (*hätte*: Konjunktiv II)
- Ist der Konjunktiv II mit dem Indikativ Präteritum identisch, wird die **würde-Umschreibung** verwendet, z. B.: *Ich sagte ihm: „Sie laufen um ihr Leben."*
  → ***Ich sagte ihm, dass sie um ihr Leben laufen.***
  (*sie laufen*: Indikativ Präsens = Konjunktiv I)
  → ***Ich sagte ihm, dass sie um ihr Leben liefen.***
  (*sie liefen*: Indikativ Präteritum = Konjunktiv II)
  → ***Ich sagte ihm, dass sie um ihr Leben laufen würden.***

b Er sagte: „Ich habe Hunger."

Er sagte, dass er Hunger habe.	☒ richtig
Er sagte, dass er Hunger hat.	☐ richtig
Er sagte, dass er Hunger hätte.	☐ richtig
Er sagte, dass er Hunger haben würde.	☐ richtig

TIPP

Wenn Sie längere Redepassagen (z. B. aus einem mündlichen Bericht oder auch aus einem literarischen Text) in indirekter Rede wiedergeben wollen, sollten Sie die redeeinleitenden Verben abwechseln. Also nicht immer *sagen*, sondern auch *meinen, zu bedenken geben, anregen, zustimmen, bestätigen* usw.

In längeren Passagen indirekter Rede genügt auch oft der Konjunktiv I als alleiniges Kennzeichen der indirekten Rede, d. h., dass Sie den redeeinleitenden Satz auch ganz weglassen können: *Er sagte, dass ihm die Vorfälle ein Rätsel seien. Er könne sich nicht erklären, wie es dazu gekommen sei. Er werde künftig jedenfalls besser aufpassen. …*

4. Überprüfen Sie, ob die folgende Passage in der indirekten Rede korrekt wiedergegeben wurde. Streichen Sie fehlerhafte Textstellen durch und notieren Sie sie in der rechten Spalte richtig.

Die Wahlfreiheit des Einzelnen in Bezug auf die individuelle Lebensführung ist in vieler Hinsicht größer geworden und geradezu explodiert. Lebensführung und -gestaltung setzt sich aus einer Vielzahl von Möglichkeiten zusammen. Von der Wohnungseinrichtung über die Kleidung bis zur Haarfrisur sind die Optionen bis ins Feinste ausdifferenziert. Diese Vielzahl an Wahlmöglichkeiten überfordert jedoch auf die Dauer die Menschen.

Indirekte Wiedergabe eines Schülers	*Verbesserungen*
Der Verfasser meint weiter, die Wahlfreiheiten des Einzelnen in Bezug auf die individuelle Lebensführung seien in vieler Hinsicht nicht nur größer geworden, sondern ~~seien~~ geradezu explodiert. Die Lebensführung und -gestaltung ~~würde~~ sich aus einer Vielzahl von Möglichkeiten zusammen~~setzen~~. Von der Wohnungseinrichtung über die Kleidung bis zur Haarfrisur ~~wären~~ die Optionen ins Feinste ausdifferenziert. Diese Vielzahl an Wahlmöglichkeiten ~~würde~~ auf Dauer die Menschen ~~überfordern~~.	setzte seien überfordere

Online-Link
· Arbeitsblatt: *Grammatik/Stil*
310044-0064

Unter dem Online-Link finden Sie weitere Übungsaufgaben zu Grammatik und Stil.

Nebensatzarten

INFO

Nebensätze lassen sich auf verschiedene Arten in Gruppen fassen. Man unterscheidet:

1. eingeleitete (*Er sagte, dass er Hunger habe.*) **und uneingeleitete Nebensätze** (*Er sagte, er habe Hunger.*)

2. Relativ- und Konjunktionalsätze: Relativsätze werden mit einem Relativanschluss (meist einem Relativpronomen), Konjunktionalsätze mit einer Konjunktion (= Bindewort) eingeleitet.

3. grammatische Funktion:
- Nebensatz steht für ein Attribut = **Attributsatz**, z. B.: *Das spielende Mädchen hörte ihr Handy nicht.* → *Das Mädchen, das spielte, hörte ihr Handy nicht.*
- Nebensatz steht für das Satzglied Subjekt = **Subjektsatz**, z. B.: *Die Spielbeschreibung war dem Mädchen egal.* → *Wie das Spiel beschrieben wurde, war dem Mädchen egal.*
- Nebensatz steht für das Satzglied Objekt = **Objektsatz**, z. B.: *Das Mädchen erwartete einen Anruf.* → *Das Mädchen erwartete, dass sie angerufen wird.*
- Nebensatz steht für das Satzglied adverbiale Bestimmung = **Adverbialsatz**, z. B.: *Nach dem Mittagessen spielte das Mädchen sofort weiter.* → *Nachdem sie zu Mittag gegessen hatte, spielte das Mädchen sofort weiter.*

5. Bestimmen Sie die grammatische Funktion der folgenden Nebensätze. Kreuzen Sie an.

a Sie hofften, dass sie großen Erfolg haben werden.
☐ Attributsatz ☐ Subjektsatz ☐ Objektsatz ☐ Adverbialsatz

b Das war der Erfolg, den sie sich gewünscht hatten.
☐ Attributsatz ☐ Subjektsatz ☐ Objektsatz ☐ Adverbialsatz

c Wer einmal Erfolgt gehabt hat, wünscht ihn sich immer wieder.
☐ Attributsatz ☐ Subjektsatz ☐ Objektsatz ☐ Adverbialsatz

d Sie hatten Erfolg, weil sie hart gearbeitet hatten.
☐ Attributsatz ☐ Subjektsatz ☐ Objektsatz ☐ Adverbialsatz

INFO

Adverbialsätze

Adverbialsätze können nach der Art des Adverbials, das sie ersetzen, näher bestimmt werden. Man unterscheidet folgende Adverbialsätze:
- **der Zeit** (= Temporalsatz), Konjunktionen: *nachdem, als, bevor, während, ehe, bis*
- **des Grundes** (= Kausalsatz), Konjunktionen: *weil, da, zumal* (*da*)
- **der Absicht/des Zwecks** (= Finalsatz), Konjunktionen: *damit, dass, um*
- **der Folge/der Wirkung** (= Konsekutivsatz), Konjunktionen: (*als*) *dass, sodass*
- **des Gegengrundes** (= Konzessivsatz), Konjunktionen: *obwohl*, obschon, *obgleich, wenn auch*
- **der Bedingung** (= Konditionalsatz), Konjunktionen: *wenn, falls, sofern*
- **der Art und Weise** (= Modalsatz), Konjunktionen: *als ob, insofern, wobei*
- **des Umstandes/des Mittels** (= Instrumentalsatz), Konjunktionen: *indem, sodass*
- **des Ortes** (= Lokalsatz), Relativadverbien bzw. Relativpronomen: *an dem, wo, wohin, woher*

TIPP

Das sichere Beherrschen der Nebensatzartenarten hilft Ihnen nicht nur beim Verständnis von schwierigen Texten, sondern auch beim eigenen Schreiben: Variieren Sie Ihre Sätze, indem Sie ein Satzglied auch einmal als Nebensatz formulieren. Oder verzichten Sie auch einmal auf einen Nebensatz zugunsten einer adverbialen Bestimmung oder einer anderen Attributart.

6. Formulieren Sie wie im Beispiel das markierte Adverbial als Adverbialsatz.

Beispiel: *Wegen der hohen Arbeitsbelastung hat sie kaum noch Zeit für ihre Freude. → Weil sie eine hohe Arbeitsbelastung hat, hat sie kaum noch Zeit für ihre Freude.*

a Sie waren bis zum Morgengrauen unterwegs. → ______

b Durch viel Übung gelangte er zur Perfektion. → ______

c Bei Bedarf wenden Sie sich bitte an Ihre Betreuer. → ______

d Sie konnten das Problem trotz intensiver Gespräche nicht lösen. → ______

Textkohärenz und Modalität

INFO

Kohärenz

Kohärenz (von lat. *cohaerentia* = „Zusammenhang") ist die Bezeichnung für diejenigen Mittel, durch die ein Zusammenhang zwischen Sätzen hergestellt wird. Kohärenz entsteht im einfachsten Fall durch die Wiederholung inhaltlich wichtiger Wörter, umfasst aber auch alle semantischen, d.h. auf die Bedeutung eines Wortes bezogenen Beziehungen:

Gestern habe ich mir ein Auto gekauft. Heute ist schon der Motor kaputt.
„gestern – heute": Zeitfolge; „Auto – Motor": Motor ist ein Teil eines Autos

Die Zeitfolge wird aber nicht nur durch die Wörter „gestern – heute" ausgedrückt, sondern auch durch das Tempus (Perfekt: habe gekauft – Präsens: ist kaputt), d.h., Kohärenz entsteht auch durch grammatische Mittel. Die wichtigsten grammatischen Verknüpfungsmittel sind dabei die verschiedenen Pronomina.

7. Untersuchen Sie die ersten Sätze aus der „Metaphysik" des Aristoteles und markieren Sie mit Kreisen und Linien den Textzusammenhang. Verwenden Sie für die semantischen und grammatischen Mittel unterschiedliche Farben.

Satz 1: Alle Menschen streben von Natur aus nach Wissen.

Satz 2: Ein deutliches Zeichen hierfür ist die Liebe zu den Sinneswahrnehmungen.

Satz 3: Denn abgesehen vom Nutzen werden diese um ihrer selbst willen geliebt, und von allen besonders die Sinneswahrnehmung, die durch die Augen zustande kommt.

Satz 4: Denn nicht nur, um zu handeln, sondern auch, wenn wir keine Handlung vorhaben, geben wir dem Sehen sozusagen vor allem anderen den Vorzug.

Satz 5: Das ist darin begründet, dass dieser Sinn uns am meisten befähigt, zu erkennen und uns viele Unterschiede klarmacht.

TIPP

Ihre Klausurtexte sollten sich einem fachsprachlichen Schreibstil annähern. Dieser Schreibstil ist u. a. gekennzeichnet durch die häufige Verwendung von

- **Demonstrativpronomen** (wie *dieses*, *jenes*, *dies* usw.)
- **Pronominaladverbien**: Unter einem Pronominaladverb versteht man Adverbien, die für ein Präpositionalgefüge stehen bzw. wieder aufnehmen: *Alle Menschen streben von Natur aus nach Wissen. Ein deutliches Zeichen hierfür (= für das Streben nach Wissen) ist ...*
- **Pronominaladverbien** werden mit den Adverbien *da*, *hier* und *wo* und einer Präposition gebildet: *darin, darauf, dadurch, dafür, dagegen, dabei, darum ...; hieran, hierdurch, hierzu ...; woran, woraus, womit, worüber ...*
- **kausalen Konjunktionen** (*weil*, *da*)
- **Kausalpräpositionen** (*aufgrund, infolge, wegen, durch, ...*)
- **Kausaladverbien** (*folglich, also, deshalb, ...*)

8. Die „Metaphysik" von Aristoteles beginnt mit dem Satz: „Alle Menschen streben von Natur aus nach Wissen."
Wie unterscheidet sich diese Formulierung des Aristoteles von den folgenden?

Die meisten Menschen streben von Natur aus nach Wissen.

Wahrscheinlich streben alle Menschen von Natur aus nach Wissen.

Ich denke, dass alle Menschen von Natur aus nach Wissen streben.

Alle Menschen streben wohl von Natur aus nach Wissen.

Man könnte sagen, dass alle Menschen von Natur aus nach Wissen streben.

Leiten Sie eine allgemeine Schreibregel für fachsprachliche Texte ab. Nennen Sie weitere Beispiele für Formulierungen, die gegen diese Schreibmaximen verstoßen.

Schreibregel: ______________________________

____

Funktionalstile und Stilvarianten

INFO

Funktionalstile

Unter einem **Funktionalstil** versteht man eine spezielle Sprachverwendung, wie sie in einem bestimmten Funktionsbereich der Sprache vorkommt. Man unterscheidet:

- **Alltagssprachlicher Stil**, wie er in alltäglichen Kommunikationssituationen verwendet wird. Wichtige Kennzeichen sind: Vermeidung gehobener Ausdrücke, Verwendung umgangssprachlicher Ausdrücke, häufige Satzreihen, dialektale Einflüsse, elliptische Sätze (= Sätze, denen ein Satzglied fehlt), sprachliche Verschleifungen bzw. Kürzungen (z. B. *nen* statt *einen*).
- **Publizistischer Stil**, wie er in den Medien und der Politik verwendet wird. Wichtigstes Kennzeichen ist: Verwendung der Standardsprache (keine umgangssprachlichen Ausdrücke, keine dialektalen Einflüsse).
- **Fachsprachlicher Stil**, wie er in der Wissenschaft, der Wirtschaft, Verwaltung usw. verwendet wird. Wichtige Kennzeichen sind: Verwendung von Fachwortschatz, eher komplexer Satzbau, Attributhäufungen (z. B. *die angestrebte Verordnung über die Neugestaltung der Buchausleihe*), Verwendung von Nominalisierungen und Komposita (= Wortzusammensetzungen).
- **Künstlerischer Stil**, wie er in der Literatur verwendet wird. Wichtige Kennzeichen sind: standard- und nicht standardsprachliche Elemente (auch bewusste Abweichungen von den Regeln) werden vermischt, bildhafte und anschauliche Sprache, Wortneuschöpfungen.

9. Im Folgenden finden Sie jeweils ein Beispiel für eine alltagssprachliche und eine fachsprachliche Äußerung. Weisen Sie an diesen beiden Texten wichtige Kennzeichen dieses Sprachstils nach.

a Alltagssprachlicher Stil
So ein Langweiler. Irgendwie hat der Müller fachlich schon was los, aber sein Unterricht: Langeweile pur. Ich frag mich langsam echt, ob der wirklich den richtigen Job hat!

Kennzeichen: ______________________________

____

____

b Fachsprachlicher Stil
Sollte durch das Rauchen auf den Zimmern bzw. in den Etagen sowie durch die mutwillige Betätigung der vorhandenen Brandmelder Feueralarm ausgelöst werden, so haftet die jeweilige verantwortliche Person und hat die daraus resultierenden Kosten eines Feuerwehreinsatzes zu tragen.

Kennzeichen: ______________________________

____

____

INFO

Gesprochenes Deutsch

Das gesprochene Deutsch weist alle Merkmale des alltagssprachlichen Stils auf. Darüber hinaus gibt es in der gesprochenen Sprache einige typische Abweichungen von der Grammatik der Standardsprache:

- **Verwendung des Perfekts statt des Präteritums in Berichten**
- **Vorziehen des Verbs in manchen Nebensätzen (z. B.: *Er kommt nicht, weil er hat keine Lust.* Statt: ... *weil er keine Lust hat.*)**
- **brauchen ohne „zu" (z. B.: *Er braucht nichts mehr sagen.* Statt: *Er braucht nichts mehr zu sagen.*)**
- **Verlaufsform mit „am" (z. B.: *Er war gerade am Schlafen.* Statt: *Er schlief gerade.*)**

10. In den folgenden Sätzen finden sich grammatische und/oder stilistische Fehler. Formulieren Sie die Sätze so um, dass sie standardsprachlich korrekt sind.

a Trotzdem man Verträge gründlich liest, übersieht man oft ganz wichtige Details.

____

b Ich finde es total dumm von Jugendlichen, wenn die Jugendlichen Schulden machen.

____

c Mit regelmäßigem Lernen kann man schlechte Schulleistungen vermeiden, weil man ist immer nur so gut, wie man sich vorbereitet hat.

____

d Wenn man sich auf eine Klausur gründlich vorbereitet, braucht man sich keine Sorgen wegen einem schlechten Ergebnis machen.

____

e Die Schüler sind hier doch mehr angepasst als anderswo und haben nur wenig Vertrauen für die Lehrer.

____

INFO

Stilvarianten

Neben den Funktionalstilen kann man auch Stilvarianten unterscheiden:

- **Parataktischer** (= beiordnend: häufige Verwendung von Satzreihen) und **hypotaktischer** (= unterordnend: häufige Verwendung von komplexen Satzgefügen) **Stil.**
- **Metaphorischer Stil**, d. h., es wird eine attributreiche und bildhafte bzw. anschauliche (Vergleiche, Metaphern) Sprache verwendet.Gegensatz: **sachlicher** oder **begrifflicher Stil**, d. h., die Sprache ist nicht beschreibend, sondern streng sachbezogen und informierend.
- **Nominalstil**, der durch die Verwendung von Nominalisierungen, Komposita, erweiterten Attributen, die häufige Verwendung von abstrakten Begriffen und Passivkonstruktionen gekennzeichnet ist. Gegensatz: **Verbalstil.**

Achtung: Nicht alle Stilvarianten schließen sich untereinander aus, so kann ein Text z. B. im Nominal- oder sachlichen Stil auch gleichzeitig im hypotaktischen Stil verfasst sein. Beachten Sie außerdem, dass Funktionalstile von Stilvarianten geprägt sein können

11. Kreuzen Sie an, welche Stilvarianten die beiden Äußerungen aus Aufgabe 9 jeweils treffender beschreiben.

a Äußerung 1

- ☐ parataktisch
- ☐ hypotaktisch
- ☐ Verbalstil
- ☐ Nominalstil
- ☐ metaphorisch
- ☐ sachlich

b Äußerung 2

- ☐ parataktisch
- ☐ hypotaktisch
- ☐ Verbalstil
- ☐ Nominalstil
- ☐ metaphorisch
- ☐ sachlich

12. Lesen Sie den nachfolgenden Text. Kreuzen Sie an, welche Stilvarianten ihn treffender beschreiben.

MARIE LUISE KASCHNITZ

Das letzte Buch

Das Kind kam spät aus der Schule heim. Wir waren im Museum, sagte es. Wir haben das letzte Buch gesehen. Unwillkürlich blickte ich auf die lange Wand unseres Wohnzimmers, die früher einmal mehrere Regale voller Bücher verdeckt haben, die aber jetzt leer ist und weiß getüncht, damit das neue plastische Fernsehen darauf erscheinen kann. Ja und, sagte ich erschrocken, was war das für ein Buch? Eben ein Buch, sagte das Kind. Es hat einen Deckel und einen Rücken und Seiten, die man umblättern kann. Und was war darin gedruckt, fragte ich. Das kann ich doch nicht wissen, sagte das Kind. Wir durften es nicht anfassen. Es liegt unter Glas. Schade, sagte ich. Aber das Kind war schon weggesprungen, um an den Knöpfen des Fernsehapparates zu drehen. Die große weiße Wand fing an sich zu beleben, sie zeigte eine Herde von Elefanten, die im Dschungel eine Furt durchquerten. Der trübe Fluss schmatzte, die eingeborenen Treiber schrieen. Das Kind hockte auf dem Teppich und sah die riesigen Tiere mit Entzücken an. Was kann da schon drinstehen, murmelte es, in so einem Buch.

- ☐ parataktisch
- ☐ hypotaktisch
- ☐ Verbalstil
- ☐ Nominalstil
- ☐ metaphorisch
- ☐ sachlich

13. Nennen Sie weitere Merkmale, an denen Sie erkennen, dass der Text „Das letzte Buch" in einem künstlerischen Stil verfasst ist.

Kapitel 10: Referieren und Präsentieren

Der Weg zu einem guten Referat umfasst sechs Schritte.

INFO

Vorbereitung und Halten eines Referats

- **Schritt 1:** Thema finden und eingrenzen
- **Schritt 2:** Vorwissen sammeln, Thema strukturieren
- **Schritt 3:** Informationen finden und auswerten
- **Schritt 4:** Referat gliedern und ausarbeiten
- **Schritt 5:** Referat medial gestalten
- **Schritt 6:** Referat halten

1. Thema finden und eingrenzen → 2. Vorwissen sammeln/ Thema strukturieren → 3. Informationen finden und auswerten → 4. Referat gliedern und ausarbeiten → 5. Referat medial gestalten → 6. Referat halten

1a. Nur eines der folgenden Themen eignet sich als Referatthema. Kreuzen Sie dieses Thema an. Formulieren Sie anschließend allgemein, worauf man bei der Themenwahl achten muss.

- ☐ Goethes Dramen
- ☐ Die Romantik
- ☐ Lyrik vom Barock bis zum Expressionismus
- ☐ Zeichensetzung bei erweiterten Infinitivgruppen mit *zu*
- ☐ Arthur Schnitzlers „Traumnovelle“

Worauf man bei der der Themenwahl achten muss: ______________________________

____

____

____

1. Thema finden und eingrenzen → **2. Vorwissen sammeln/ Thema strukturieren** → 3. Informationen finden und auswerten → 4. Referat gliedern und ausarbeiten → 5. Referat medial gestalten → 6. Referat halten

TIPP

Vorwissen sammeln, Thema strukturieren

Das **Sammeln von Vorwissen** ist aus zwei Gründen wichtig: Zum einen ergeben sich mögliche Anknüpfungspunkte für Sie und später für Ihre Zuhörer, zum anderen können sich hieraus bereits konkrete Teilthemen ergeben. Ihr Vorwissen sammeln Sie am besten in einem Cluster, wo Sie alles aufschreiben, was Ihnen zu dem Thema einfällt.

In einem nächsten Schritt können Sie Fragen an das Thema formulieren bzw. Aspekte sammeln, die sich aus einem Thema ergeben können.

Eine erste **Strukturierung des Themas** ergibt sich, wenn Sie die verschiedenen Punkte inhaltlich bündeln, d. h. zu einem gemeinsamen Themenbereich zusammenfassen.

2a. Formulieren Sie Aspekte, die für ein Referat über Arthur Schnitzlers „Traumnovelle“ wichtig sein könnten. Berücksichtigen Sie Ihr Vorwissen.

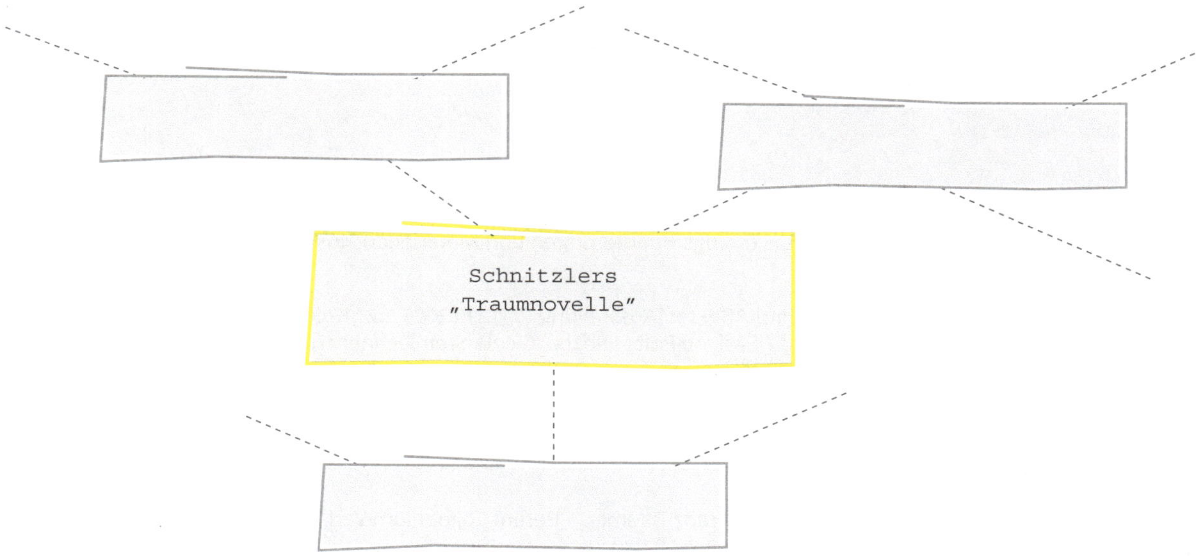

2b. Welche der gefundenen Aspekte lassen sich thematisch zusammenfassen?

____

____

____

1. Thema finden und eingrenzen → 2. Vorwissen sammeln/Thema strukturieren → **3. Informationen finden und auswerten** → 4. Referat gliedern und ausarbeiten → 5. Referat medial gestalten → 6. Referat halten

Haben Sie Ihr Vorwissen gesammelt und das Thema strukturiert, ist oft schon klar, welche Informationen Sie für Ihr Referat benötigen und folglich recherchieren müssen. Bei Ihrer Recherche sollten Sie sich nicht nur auf Informationen aus dem Internet stützen, sondern auch andere **Möglichkeiten der Recherche** (Expertenbefragung, Buchhandlung, Lexika, Bibliotheken, TV, Film) nutzen.
Achten Sie darauf, dass Sie nur **aktuelle und seriöse Informationsquellen** verwenden.

INFO

Informationen finden

Brauchbare **Sachtexte** erkennen Sie
- am Titel und Untertitel sowie am Inhaltsverzeichnis (hier können Sie erkennen bzw. prüfen, ob Ihnen der Text inhaltlich hilft)
- am Erscheinungsjahr und dem Erscheinungsort (Sie sehen, ob das Buch oder der Artikel aktuell ist und ob sich die Informationen ggf. wirklich auf Deutschland und nicht z. B. auf die Schweiz beziehen)
- am Literaturverzeichnis (Sie können hier nicht nur überprüfen, welche Texte und Quellen verwendet worden sind, sondern Sie finden oft auch gute Literaturtipps)

Brauchbare **Internetquellen** erkennen Sie
- an der Adresse, die Ihnen oft sagt, ob die Seite von einer Institution (Behörde, Universität, Verein usw.) betrieben wird (offizielle Seiten sind in aller Regel recht verlässlich)
- an der Sitemap bzw. am Index (hier können Sie erkennen bzw. prüfen, ob Ihnen die Seite inhaltlich hilft)

Setzen Sie die Lesestrategien von S. 12 beim Finden und Auswerten der Informationen ein.

Beachten Sie: Greifen Sie für die Schule auf keine Seiten zurück, bei denen im Impressum kein Verantwortlicher für die Seite (mit Kontaktadresse) genannt wird!

3a. Eine Katalogrecherche zu Schnitzlers „Traumnovelle“ in der Bibliothek hat folgende Trefferliste ergeben. Wählen Sie zwei Werke aus (ein Buch zur Novelle selbst, eines zu Schnitzlers Biografie); kreuzen Sie an. Begründen Sie anschließend in Stichworten Ihre Wahl.

		richtig
a	Grobe, Horst: Erläuterungen zu Arthur Schnitzler, Traumnovelle / von Horst Grobe. - 1. Aufl. - Hollfeld: Bange, 2007. - 107 S. - (Königs Erläuterungen und Materialien; 463). - 978-3-8044-1866-0	☐
b	Arthur Schnitzler - Affairen und Affekte: [Ausstellung ... 12.10.2006 - 21.1.2007, Österreichisches Theatermuseum, Wien] / Evelyne Polt-Heinzl u. Gisela Steinlechner (Hg.). Mit Beitr. von Konstanze Fliedl .... - 1. Aufl. -Wien: Brandstätter, 2006. -159 S. - 3-902510-58-7	☐
c	Heizmann, Bertold: Arthur Schnitzler, Traumnovelle / von Bertold Heizmann. - Stuttgart: Reclam, 2006. - 143 S. - (Universal-Bibliothek; 16054 : Erläuterungen und Dokumente). - 978-3-15-016054-1	☐
d	Baumer, Franz: Arthur Schnitzler / Franz Baumer. - Berlin: Colloquium-Verl., 1992. - 109 S. - (Köpfe des 20. Jahrhunderts; 118). - 3-7678-0804-8	☐
e	Farese, Giuseppe: Arthur Schnitzler: Ein Leben in Wien; 1862–1931 / Giuseppe Farese. Aus dem Ital. von Karin Krieger. - München: Beck, 1999. - 359 S. - 3-406-45292-2	☐
f	Fliedl, Konstanze: Arthur Schnitzler: Poetik der Erinnerung / Konstanze Fliedl. - Wien [u. a.]: Böhlau, 1997. - 567 S. - (Literatur in der Geschichte, Geschichte in der Literatur; 42). - 3-205-98779-9	☐

Begründung: ______________________________

____

____

____

TIPP

Internetrecherche

- **Präzisieren Sie Ihre Suche durch mehrere Suchwörter (also nicht „Schnitzler“, sondern „Arthur Schnitzler Traumnovelle“).**
- **Wenn Sie zwei oder mehr Suchwörter in Anführungszeichen setzen, werden Ihnen alle Seiten angezeigt, auf denen diese Wörter nacheinander in genau der Reihenfolge vorkommen. Mit diesem Verfahren können Sie nicht nur Zitate suchen, sondern auch Ihre Ergebnisliste weiter einschränken (z. B. könnten Sie „Arthur Schnitzlers Traumnovelle“ suchen).**
- **Die meisten Suchmaschinen bieten eine „erweiterte Suche“ an: Dort können Sie z. B. angeben, nach welchem Dateiformat Sie suchen möchten. Oder wo auf einer Seite gesucht werden soll. Haben Sie im ersten Suchvorgang zu viele Treffer, bietet sich eine Beschränkung auf das Dateiformat „pdf“ an. Oder Sie suchen nicht „irgendwo auf der Seite“, sondern „im Titel der Seite“.**
- **Wenn Sie mit „Google“ nicht erfolgreich sind, versuchen Sie andere Suchmaschinen, z. B.: altavista, msn, yahoo, ...**

3b. Eine Internetrecherche (www.google.de) zu „Arthur Schnitzler Traumnovelle“ hat u. a. folgende Trefferliste (vgl. S. 73) ergeben. Kreuzen Sie die Seiten an, die Ihnen wahrscheinlich hilfreich sein können. Begründen Sie anschließend in Stichworten Ihre Wahl.

Begründung: ______________________________

____

____

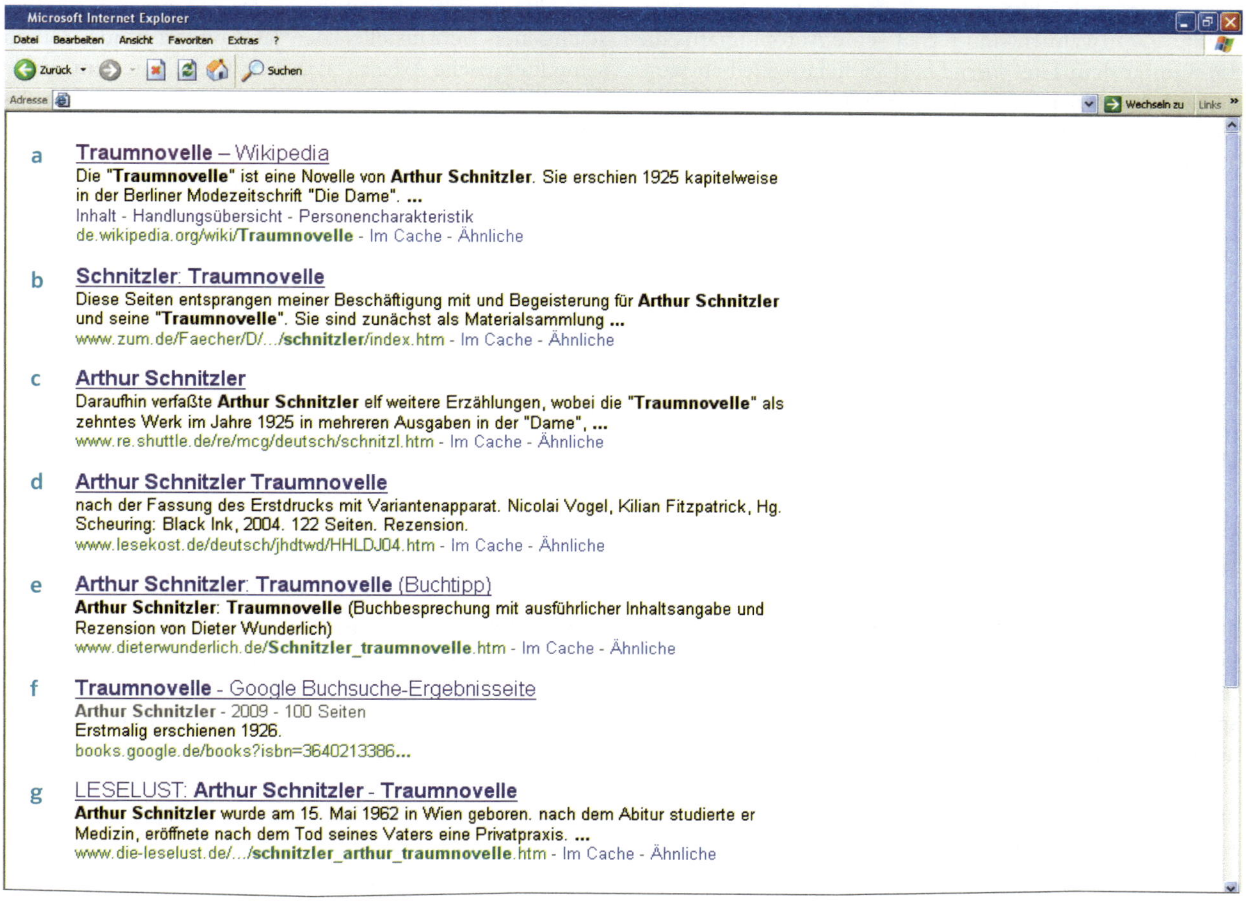

a **Traumnovelle** – Wikipedia
Die "**Traumnovelle**" ist eine Novelle von **Arthur Schnitzler**. Sie erschien 1925 kapitelweise in der Berliner Modezeitschrift "Die Dame". ...
Inhalt - Handlungsübersicht - Personencharakteristik
de.wikipedia.org/wiki/**Traumnovelle** - Im Cache - Ähnliche

b **Schnitzler: Traumnovelle**
Diese Seiten entsprangen meiner Beschäftigung mit und Begeisterung für **Arthur Schnitzler** und seine "**Traumnovelle**". Sie sind zunächst als Materialsammlung ...
www.zum.de/Faecher/D/.../**schnitzler**/index.htm - Im Cache - Ähnliche

c **Arthur Schnitzler**
Daraufhin verfaßte **Arthur Schnitzler** elf weitere Erzählungen, wobei die "**Traumnovelle**" als zehntes Werk im Jahre 1925 in mehreren Ausgaben in der "Dame", ...
www.re.shuttle.de/re/mcg/deutsch/schnitzl.htm - Im Cache - Ähnliche

d **Arthur Schnitzler Traumnovelle**
nach der Fassung des Erstdrucks mit Variantenapparat. Nicolai Vogel, Kilian Fitzpatrick, Hg. Scheuring: Black Ink, 2004. 122 Seiten. Rezension.
www.lesekost.de/deutsch/jhdtwd/HHLDJ04.htm - Im Cache - Ähnliche

e **Arthur Schnitzler: Traumnovelle** (Buchtipp)
Arthur Schnitzler: Traumnovelle (Buchbesprechung mit ausführlicher Inhaltsangabe und Rezension von Dieter Wunderlich)
www.dieterwunderlich.de/**Schnitzler_traumnovelle**.htm - Im Cache - Ähnliche

f **Traumnovelle** - Google Buchsuche-Ergebnisseite
Arthur Schnitzler - 2009 - 100 Seiten
Erstmalig erschienen 1926.
books.google.de/books?isbn=3640213386...

g LESELUST: **Arthur Schnitzler - Traumnovelle**
Arthur Schnitzler wurde am 15. Mai 1962 in Wien geboren. nach dem Abitur studierte er Medizin, eröffnete nach dem Tod seines Vaters eine Privatpraxis. ...
www.die-leselust.de/.../**schnitzler_arthur_traumnovelle**.htm - Im Cache - Ähnliche

3c. Werten Sie den folgenden Lexikonartikel über Arthur Schnitzler mit Blick auf das Thema „Arthur Schnitzlers ‚Traumnovelle'" aus. Reduzieren Sie die Angaben in dem Artikel auf die wesentlichen Inhalte und halten Sie Ihre Ergebnisse stichwortartig fest. Arbeiten Sie in Ihrem Heft.

Schnitzler, Arthur, österr. Schriftsteller, *Wien 15.5.1862, † ebd. 21.10.1931. – Als Sohn eines angesehenen Arztes und Universitätsprofessors studierte Schn. ebenfalls Medizin und promovierte 1885. Bis 1893 arbeitete er als Assistenzarzt in verschiedenen Wiener Krankenhäusern, danach eröffnete er eine Privatpraxis, übte den ungeliebten Beruf jedoch kaum aus. Später lebte er als freier Schriftsteller in Wien. Durch seine ersten Publikationen lernte er 1890 H. v. Hofmannsthal, Richard Beer-Hofmann (1866–1945), H. Bahr kennen, mit denen er einen Literaturzirkel bildete, der als „Jung(es) Wien" bekannt wurde.

Schn. entnahm die Themen seiner literarischen Arbeiten der sozialen und politischen Realität der österreichisch-ungarischen Monarchie des ausgehenden 19. und beginnenden 20. Jhs. Psychologisch genau und mit skeptischer Ironie stellte er die bürgerliche Wiener Gesellschaft des → Fin de siècle dar, wie sie langsam an ihren inneren Widersprüchen zerbrach.

Typische Gestalten der Epoche führte er als Dramatiker mit dem „leichtsinnigen Melancholiker" *Anatol* (Einakterzyklus, 1893, NA 1964) und den Figuren des → *Reigen* (1900) vor. Sein dramatisches Schaffen war in den ersten Jahren noch dem sozialdemokratischen naturalistischen Tendenzstück verbunden. Später gab er die Form der direkten Kritik der bestehenden Moral- und Gesellschaftsordnung zugunsten einer unvoreingenommenen Analyse der Handlungen sowie Denk- und Sprechgewohnheiten seiner Figuren auf. Die Schauspiele *Der einsame Weg* (1904), → *Das weite Land* (1911) und → *Professor Bernhardi* (1912) sind Dokumente für die Zersetzung der traditionellen Werte und den Zerfall der bürgerlich-liberalen Ordnung vor dem I. Weltkrieg.

Als Erzähler steht Schn. zwischen dem Realismus des 19. Jh.s und der radikalen Verinnerlichung der Erzähltechnik wie etwa bei M. → Proust und J. → Joyce. Neben konventionellen Formen verwendete er bereits die Stilmittel der erlebten Rede und – erstmals in der deutschen Literatur – des → Inneren Monologs (→ *Lieutenant Gustl*, 1900; → *Fräulein Else*, 1924). Thematisch steht im Zentrum fast aller Erzählungen die existentielle Krise eines Menschen, aus der dieser jedoch meist ungeläutert hervorgeht (eine der wenigen Ausnahmen bildet die → *Traumnovelle*, 1926) und in einem labilen Zustand verbleibt. Zu Schn.s Prosawerk gehören auch zwei Romane, *Der Weg ins Freie* (1908) und *Therese* (1928), mit denen er eine Bestandsaufnahme der ganzen Wirklichkeit seiner Zeit zu unternehmen versuchte. Zu erwähnen sind ferner seine Autobiografie, die 1968 unter dem Titel *Jugend in Wien* herausgegeben wurde, und die mittlerweile editierten Briefwechsel mit literarischen Zeitgenossen; Schn. führte über 50 Jahre lang ein Tagebuch, das seit 1981 veröffentlicht wird.

Heute gilt Schn. als einer der bedeutendsten österreichischen Schriftsteller der Jahrhundertwende. Durch seine literarische Arbeit – wie S. → Freud, mit dem er bekannt war, durch seine wissenschaftliche – weitete er das Wissen um die menschliche Psyche erheblich aus.

1. Thema finden und eingrenzen → 2. Vorwissen sammeln/ Thema strukturieren → 3. Informationen finden und auswerten → **4. Referat gliedern und ausarbeiten** → 5. Referat medial gestalten → 6. Referat halten

Haben Sie sich über alle wichtigen Aspekte Ihres Referatthemas informiert, sollten Sie die Gliederung des Referates planen.

INFO

Referat gliedern und ausarbeiten

In der Einleitung sollten Sie das Thema Ihres Referats genau benennen und einen Einstieg finden, mit dem Sie die Zuhörer für dieses Thema interessieren können (z. B. indem Sie eine spannende Frage stellen, einen interessanten Einzelfall schildern oder an die Erfahrungen Ihrer Zuhörer anknüpfen).

Im Hauptteil gehen Sie nacheinander auf die verschiedenen Aspekte des Themas ein. Dabei ist es wichtig, dass Sie diese Aspekte in eine sinnvolle zeitliche oder logische Reihenfolge bringen. Achten Sie darauf, dass Sie die wichtigsten Informationen durch Beispiele veranschaulichen.

Im Schlussteil können Sie die wichtigsten Informationen Ihres Referats wiederholen, ein Fazit ziehen, einen Ausblick geben oder zu einer Diskussion anregen. Wichtig ist, dass Ihr Schluss einen Bezug zur Einleitung hat.

4a. Ergänzen Sie die folgende Gliederung zum Referat „Arthur Schnitzlers ‚Traumnovelle'", indem Sie die fehlenden Punkte an die passende Stelle schreiben.

Zentrale Themen | Wirkungsgeschichte | Biografie des Autors | Kurze Inhaltsangabe

I. Einleitung
II. Arthur Schnitzler
II.1 ______________________
II.2 Epochenzentrum Wien
III. Schnitzlers „Traumnovelle"
III.1 Entstehungsgeschichte
III.2 ______________________
III.3 ______________________
III.4 Gestaltungsweise
IV. ______________________
V. Schluss

TIPP

Wenn Sie eine Gliederung für Ihr Referat erstellt haben, halten Sie Ihren Vortrag am besten auf **Karteikarten** fest. Karteikarten sind nicht zu groß; außerdem sind die Hände während des Sprechens „beschäftigt". Dabei sollten Sie Folgendes beachten:

- keine ganzen Sätze (außer bei Zitaten), sondern nur **Stichwörter** notieren
- Überschriften und andere wichtige Textstellen oder Wörter **unterstreichen**
- Karteikarten **durchnummerieren** und nur einseitig beschriften

Durchschnittlich benötigt man etwa eine Karteikarte für ein bis zwei Minuten Vortragszeit.

1. Thema finden und eingrenzen → 2. Vorwissen sammeln/Thema strukturieren → 3. Informationen finden und auswerten → 4. Referat gliedern und ausarbeiten → **5. Referat medial gestalten** → 6. Referat halten

Visualisierungen in einem Referat sind sowohl für die Zuhörer als auch für Sie selbst wichtig. Den Zuhörern helfen sie, das Wichtigste besser zu behalten. Außerdem sorgen sie für Abwechslung und beleben einen Vortrag. Sie selbst können sich auch an den Visualisierungen orientieren und sie erläutern oder kommentieren; dadurch gewinnen Sie Sicherheit beim Vortragen. Wichtige Darstellungsarten sind: Mind-Map, Foto/Bild, Tabelle, Diagramm, Zeitstrahl und Strukturskizze.

INFO

Referat medial gestalten

Visualisierungen können Sie auf unterschiedliche Arten präsentieren.

Beachten Sie bei **Präsentationen mit Computerprogrammen** (z. B. PowerPoint), dass

- die Folien übersichtlich gestaltet und gut lesbar sind
- nur die wichtigsten Informationen zu einem Themenaspekt angegeben sind
- wichtige Sachverhalte durch diskontinuierliche Texte (Diagramme, Tabellen usw.) veranschaulicht sind
- unterschiedliche Aspekte eines Themas farblich oder grafisch getrennt sind

Beachten Sie beim **Einsatz eines Overheadprojektors**, dass Sie

- die Teile der Folie abdecken, die noch nicht relevant sind
- auf die Teile der Folie zeigen, über die Sie gerade sprechen
- während des Referats gegebenenfalls zusätzliche Bemerkungen in die Folie eintragen können

Beachten Sie bei der **Präsentation von diskontinuierlichen Texten**, dass Sie

- die abgebildeten Zusammenhänge auch sprachlich darstellen
- die Aussagekraft der Darstellung bewerten

5a. Tragen Sie die Vor- und Nachteile der unterschiedlichen Präsentationstechniken in die Tabelle ein.

	Präsentation mit Computerprogramm	*Präsentation mit Overheadprojektor*
Vorteile	› ›	› ›
Nachteile	› ›	› ›

5b. Bewerten Sie die folgende Folie zum Thema „Biografie des Autors".

Arthur Schnitzler

1862 wird am 15. Mai geboren; Vater bekannter Arzt

1885 nach Medizinstudium Promotion, später Arztpraxis

1890 Bekanntschaft mit Hofmansthal: Literaturzirkel „Jung(es) Wien"

1893 *Anatol* (Einakterzyklus) → „leichtsinniger Melancholiker"

1900 *Lieutenant Gustl*

1904 *Der einsame Weg* (Schauspiel) → Zersetzung der traditionellen Werte

1908 *Der Weg ins Freie* (Roman)

1925 *Traumnovelle*

1931 Tod am 21. Oktober in Wien

Bewertung der Folie: ______________________________

____

____

1. Thema finden und eingrenzen → 2. Vorwissen sammeln/ Thema strukturieren → 3. Informationen finden und auswerten → 4. Referat gliedern und ausarbeiten → 5. Referat medial gestalten → **6. Referat halten**

6a. Leiten Sie aus der Satire „Ratschläge für einen schlechten Redner" von Kurt Tucholsky Regeln für das Halten eines Referats ab. Ergänzen Sie anschließend die Liste um weitere Regeln, die Ihnen sinnvoll erscheinen.

KURT TUCHOLSKY

Ratschläge für einen schlechten Redner

Fang nie mit dem Anfang an, sondern immer drei Meilen vor dem Anfang! Etwa so: „Meine Damen und meine Herren! Bevor ich zum Thema des heutigen Abends komme, lassen Sie mich Ihnen kurz …"

Hier hast du schon so ziemlich alles, was einen schönen Anfang ausmacht: eine steife Anrede; der Anfang vor dem Anfang; die Ankündigung, dass und was du zu sprechen beabsichtigst, und das Wörtchen kurz. So gewinnst du im Nu die Herzen und die Ohren der Zuhörer. […]

Sprich nicht frei – das macht so einen unruhigen Eindruck. Am besten ist es, du liest deine Rede ab.

Sprich wie du schreibst. Und ich weiß, wie du schreibst.

Sprich in langen, langen Sätzen – solchen, bei denen du, der du dich zuhause, wo du ja die Ruhe, derer du so sehr benötigst, deiner Kinder ungeachtet, hast, vorbereitest, genau weißt, wie das Ende ist … nun, ich habe dir eben ein Beispiel gegeben. So musst du sprechen.

Du musst alles in die Nebensätze legen. Sag nie: „Die Steuern sind zu hoch." Das ist zu einfach. Sag: „Ich möchte zu dem, was ich soeben gesagt habe, noch kurz bemerken, dass mir die Steuern bei weitem …" So heißt das.

Kündige den Schluss deiner Rede lange vorher an, damit die Zuhörer vor Freude nicht einen Schlaganfall bekommen. […]

Du musst dir nicht nur eine Disposition machen, du musst sie den Leuten auch vortragen – das würzt die Rede.

Sprich nie unter anderthalb Stunden, sonst lohnt es sich gar nicht erst anzufangen.

Wenn einer spricht, müssen die anderen zuhören – das ist deine Gelegenheit! Missbrauche sie.

Checkliste: Fünf-Schritte-Lesemethode

Schritt 1
Vorwissen aktivieren – sich einen inhaltlichen Überblick verschaffen

- Was lässt die Überschrift erwarten? Weiß ich bereits etwas über das, was im Inhalt vermutlich behandelt wird? Gibt es Abbildungen, die beim Verständnis helfen könnten? Um welche Textsorte könnte es sich handeln? Zeitungstext, literarischer Text, Sachtext?
- Ersten Eindruck schriftlich festhalten

↓

Schritt 2
Leseschwierigkeiten überwinden

- Unbekannte Wörter entweder aus dem Textzusammenhang erschließen oder nachschlagen
- Schwer verständliche Textstellen vereinfachen und umformulieren

↓

Schritt 3
Textinhalt erschließen

- Schlüsselwörter markieren, Randnotizen machen, Zusammenhänge im Text durch Pfeile/grafische Symbole markieren
- Fragen an den Text stellen (W-Fragen) oder thematische Fragen (Worum geht es?)

↓

Schritt 4
Text- bzw. Inhaltsstruktur ermitteln

- Logische Verbindung der Textinhalte herausfinden, Argumentationsstruktur ermitteln, ev. durch Visualisierung des Textes in einem Flussdiagramm, Text auf Wesentliches reduzieren, wichtige Zitate herauslösen usw.

↓

Schritt 5
Erschließungsergebnisse zusammenfassen

- Inhaltsübersicht (Konspekt) erstellen
- Text kritisch hinterfragen und zum Text Stellung beziehen

Checkliste: Sachtexte schriftlich analysieren

Die schriftliche Analyse und Interpretation eines Sachtextes lässt sich in sechs Arbeitsschritte unterteilen:

Schritt 1
Text lesen/erstes Textverständnis formulieren

- Textangaben erfassen: Titel, Autor, Entstehungszeit, ggf. mediale Verbreitung, Textsorte
- Aufgabenstellung in ihren Teilaspekten erfassen
- zentrale Textaussagen erfassen
- Deutungshypothese bilden

↓

Schritt 2
Text aspektorientiert untersuchen

- Text gründlich lesen
- Analyseaspekte auswählen (wenn nicht durch die Aufgabenstellung vorgegeben)
- Text erschließen und in einer Stoffsammlung festhalten

↓

Schritt 3
Deutungsthese formulieren

- zentrale Aussage(n) formulieren
- Aussagen kritisch hinterfragen, z. B.:
  - Schlüssigkeit der Darstellung
  - Textwirkung und -intention
  - Adressatenbezug
  - sprachliche Gestaltung
  - historischer Kontext
- Deutungsthesen entwickeln

↓

Schritt 4
Gliederung erstellen

- **Einleitung:** Autor, Titel, Thema, Textsorte, Position des Verfassers, allgemeiner Problemzusammenhang
- **Hauptteil:** Darstellung der Untersuchungsergebnisse, Darlegung der Deutungsthesen
- **Schluss:** persönliche Beurteilung, Vergleich mit anderen Positionen, Bezug zur Gegenwart/der eigenen Lebenswelt, …

↓

Schritt 5
Aufsatz schreiben

- differenzierte Erläuterung zentraler inhaltlicher und formaler Aspekte
- Verbindung von einzelnen Aspekten zu einem Ganzen
- überzeugende Begründung der eigenen Position
- logischer Gedankengang
- passende und korrekt zitierte Textbelege
- angemessene Sprachform (Rechtschreibung, Stil), korrekte Verwendung von Fachbegriffen

↓

Schritt 6
Aufsatz überarbeiten

- Text anhand der Kriterien aus Schritt 5 überprüfen und verbessern

Checkliste: Sachtexte schriftlich erörtern

Erörterungen können entweder frei oder textgebunden sein. Die textgebundene Erörterung lässt sich in die folgenden sechs Arbeitsschritte unterteilen:

Schritt 1
Text lesen/erstes Textverständnis formulieren

- Auffälliges, Interessantes, Widersprüchliches, Kontroverses notieren
- Aufgabenstellung in ihren Teilaspekten erfassen
- zentrale Textaussagen erfassen
- Deutungshypothese bilden

↓

Schritt 2
Text aspektorientiert untersuchen

- Text gründlich lesen
- Argumentation bzw. Darstellungsweise des Textes unter Berücksichtigung der Sichtweise des Verfassers (Intention, zugrunde liegende Wertvorstellung) untersuchen und in einer Stoffsammlung festhalten

↓

Schritt 3
Eigenständige Position zum Text entwickeln

- These des Autors im textüberschreitenden Zusammenhang reflektieren
- Argumente und Positionen des Autors kritisch bewerten
- eigene Position ausformulieren, mit Argumenten stützen und durch Beispiele belegen

↓

Schritt 4
Gliederung erstellen

- **Einleitung:** Autor, Titel, Thema, Textsorte, Position (zentrale These) des Verfassers, allgemeiner Problemzusammenhang
- **Hauptteil:** Entfaltung der eigenen Position
  - wechselnde Argumentation („These-Gegenthese-Modell"): nacheinander werden die verschiedenen Positionen/Aussagen des Verfassers mit der eigenen Sichtweise bzw. neuen Fakten konfrontiert
  - zweigeteilte Argumentation („Sanduhrmodell"): im ersten Schritt werden die Positionen/Aussagen des Verfassers kritisch kommentiert; im zweiten Teil die eigene Sichtweise dargelegt
- **Schluss:** persönliche Beurteilung, Vergleich mit anderen Positionen, Bezug zur Gegenwart/der eigenen Lebenswelt, ...

↓

Schritt 5
Erörterung schreiben

- Darstellung und kritische Bewertung der Position des Autors
- überzeugende Begründung der eigenen Position
- logischer Gedankengang
- passende und korrekt zitierte Textbelege
- angemessene Sprachform (Rechtschreibung, Stil), korrekte Verwendung von Fachbegriffen

↓

Schritt 6
Erörterung überarbeiten

- Text anhand der Kriterien aus Schritt 5 überprüfen und verbessern

Checkliste: Literarische Texte schriftlich analysieren

Die schriftliche Analyse und Interpretation eines literarischen Textes lässt sich in sechs Arbeitsschritte unterteilen:

Schritt 1
Text lesen/erstes Textverständnis formulieren

- Textangaben erfassen: Titel, Autor, Entstehungszeit, Textsorte bzw. Gedichtart, Thema
- erste Eindrücke vom Text notieren
- Aufgabenstellung in ihren Teilaspekten erfassen (Operatoren wie „Vergleichen Sie ...", „Nehmen Sie kritisch Stellung zu ...", „Beurteilen Sie ..." usw. beachten)
- zentrale Textaussagen erfassen
- Deutungshypothese notieren

↓

Schritt 2
Text aspektorientiert untersuchen

- Analyseaspekte auswählen (wenn nicht durch die Aufgabenstellung vorgegeben), z. B. Charakter der Figuren (bei epischen und dramatischen Texten), Handlungsaufbau, Beziehungen zwischen den Figuren, Orts- und Zeitgestaltung, sprachliche Gestaltung (bei Gedichten vor allem: Bildlichkeit/Motivgestaltung, Verhältnis Sprecher und Adressat, metrische Gestaltung, auffällige rhetorische Figuren), Merkmale der Textsorte bzw. der Gedichtart, ...
- Text untersuchen
- textüberschreitende Aspekte einbeziehen, z.B. Biografie und Werk des Autors, Zeitbezug (Epochenkontext), ...

↓

Schritt 3
Deutungsthese formulieren

- Fazit aus den Untersuchungsergebnissen ziehen und mit der Verstehenshypothese vergleichen (ggf. erneut den Text untersuchen und weitere Untersuchungsaspekte berücksichtigen)
- Deutungsthese formulieren

↓

Schritt 4
Gliederung erstellen

- Ergebnisse ordnen
- Argumentationsgang festlegen
- ausführliche Notizen zu Einleitung, Hauptteil und Schluss anfertigen

↓

Schritt 5
Aufsatz schreiben

- Deutungsthese entfalten
- sachlich und präzis formulieren
- Fachbegriffe verwenden
- passende Zitate einbauen und korrekt nachweisen

↓

Schritt 6
Aufsatz überarbeiten

- in drei gesonderten Durchgängen prüfen:
  - sprachliche Richtigkeit
  - sachliche Richtigkeit
  - Aufbau und Kohärenz (= Textzusammenhang)

Lösungen zum Arbeitsheft Vertiefungskurs

978-3-12-310044-4

Prüfen Sie Ihr Wissen

» Seite 6

1. Richtig sind: a), c)
2. Richtig sind: a), c), d)
3. den Argumentationsgang (des Textes)

» Seite 7

1. Richtig sind: a), b), d)
2. Direkte Charakterisierung: Der Erzähler äußert sich unmittelbar (direkt) über seine Figur(en), oder er lässt sie von anderen Figuren charakterisieren.

   Indirekte Charakterisierung: Der Charakter von Figuren muss aus ihren Äußerungen und ihrem Verhalten erschlossen werden.
3. a) neutrales Erzählen; b) auktoriales Erzählen; c) personales Erzählen
4. a) **Kurzgeschichte:** Erzählt eine besondere Begebenheit; Ausschnitt aus dem Leben nur weniger Figuren unter Verknappung der Handlung, meist zum Nach- oder Weiterdenken; die Figuren werden nur durch Merkmale gezeichnet, die für die Geschichte unmittelbar von Bedeutung sind; der Einstieg erfolgt oft unvermittelt, der Schluss ist meist offen – zum Nach- und Weiterdenken.

   b) **Novelle:** Kunstvoll gestaltete längere Erzählung um ein zentrales Ereignis (nach einer Bestimmung von Goethe „eine sich ereignete unerhörte Begebenheit") oder einen zentralen Konflikt, mit straffer Handlungsführung, beschränkt meist auf wenige Personen. Die Novelle weist, ähnlich wie ein dramatischer Text, in der Regel einen Höhe- oder Wendepunkt auf.

» Seite 8

1. Richtig sind: a), e)
2. a) Umschlagen der Handlung; b) retardierendes Moment; c) Exposition/Ausgangssituation; d) Katastrophe, Happy End
3. Regieanweisungen enthalten Hinweise zu Ort und Zeit des Geschehens und machen Angaben zu Äußerungen der Personen und zum Verhalten der Personen.

» Seite 9

1. a) Lied/Volkslied; b) Sonett
2. Möglichkeiten sind u.a.: Entschlüsselung zentraler Motive, Bezug des Gedichttitels auf den lyrischen Text; Bewertung der inhaltlichen Entfaltung im Gedicht (Vergleich der lyrischen Situation am Gedichtanfang und -ende)
3. a) Alliteration; b) Metapher; c) Antithese; d) Vergleich

» Seite 10

1. a) Erweiterter Infinitiv mit „zu", der von einem Nomen abhängt; b) Nebensatzbeginn
2. Richtig sind: a), c), d)
3. Richtig sind: b), d)

» Seite 11

1. Hauptsatz: muss man meist lange suchen; a) Konditionalsatz; b) Temporalsatz
2. a) Aktivsatz; b) Aktivsatz; c) Passivsatz; d) Passivsatz; e) Passivsatz
3. a) Futur I; b) Futur II; c) Präteritum; d) Plusquamperfekt
4. a) Paul sagte, dass sie ins Museum gehen würden. b) Paul sagte, dass die Verträge unterschrieben seien. c) Paul sagte, dass sie gesehen worden wären.

Kapitel 1: Arbeitstechniken zum Erschließen von Texten

» Seite 12

1. › Schriftlich zu einem Text Stellung nehmen, z. B. in Form eines Leserbriefs oder einer Erörterung – <u>kritisches Lesen</u>
   › Überprüfen, ob ein Text wesentliche Information z. B. für ein Referat enthält – <u>überfliegendes Lesen</u>
   › Nachschlagen der Lebensdaten eines Dichters in einem Lexikon – <u>suchendes Lesen</u>
   › Einen Text in seinen Einzelaussagen sowie seiner Gesamtaussage verstehen und die Intention des Autors klären wollen – <u>erschließendes Lesen</u>
   › Auswerten eines Textes, dessen Inhalte z. B. für ein Referat wichtig sind – <u>genaues Lesen</u>
   › Aussagen eines Textes hinterfragen und die Intention des Autors bewerten – <u>wertendes Lesen</u>

» Seite 13/14

1a. Wichtig ist hier zunächst, dass Sie vor der Lektüre eines Textes Ihre Leseerwartungen formulieren, d. h., dass man sich gedanklich auf den Text vorbereiten muss, um so den Textinhalt schneller und besser zu verstehen. Inhaltlich ergibt die Überschrift wenig Sinn. Auch erschließt sich die Bedeutung der Worte „Abfuck" und „Opferkinder" nicht unbedingt auf den ersten Blick. „Abfuck" hört sich sehr umgangssprachlich an. Es scheint im Text um Sprache und besondere Sprachverwendung zu gehen. Zieht man noch den Einleitungstext heran, wird deutlich, dass es im Text um Jugendsprache, genauer um Szenesprache, gehen wird.

Worum es in dem Text geht: Der Duden-Verlag hat ein Internetportal eingerichtet, in das Nutzer jugendsprachliche Ausdrücke stellen können. Der Verlag prüft, ob die Wörter häufiger vorkommen, und will dann ein neues Wörterbuch herausgeben.

›› Seite 14

2a. Die Beispiele machen deutlich, dass einmal ein Wort unverändert aus dem Englischen übernommen, im anderen Fall das Wort geringfügig an das Deutsche angepasst wird; „rudimentär" bedeutet also „geringfügig" oder „nur in Ansätzen".

2b. Substitution: Ersetzung – destillieren: eine Auswahl erstellen – Neologismen: Wortneuschöpfungen – Präfix: Vorsilbe

2c. Ihre „Bearbeitung" könnte folgendermaßen aussehen: Die Wörter können in Ansätzen eingedeutscht sein, wie zum Beispiel „nailen", also jemanden mit Fingernägeln kratzen. Die Wörter können aber auch als englisches Wort bestehen bleiben, wie der „Leak", also das Veröffentlichen vertraulicher Dokumente.

›› Seite 15/16

3a. Mögliche Beispiele:

- Frage 1: Wie möchte der Duden aus dem Internetportal ein Wörterbuch machen? Antwort: Er möchte aus dem Portal mögliche Einträge „destillieren", also eine Auswahl herausfiltern.
- Frage 2: Wie gelangen die Wörter in das Internetportal? Antwort: Jeder Nutzer kann Wörter in das Portal stellen.

Beachten Sie, dass Ihre Antworten in dieser Phase der Texterschließung noch nicht vollständig sein müssen.

3b. Schlüsselwörter sind: Szenesprache/Jugendsprache/Begriffe aus der Lebensrealität/Google als Instanz/Buch destillieren/Neologismen/Bereicherung für den Alltag

- **Z. 4 bis 9:** Ironischer Einstieg: Jugendliche sind nicht nur passiv, sondern sprechen z.T. mit kreativer Wortwahl miteinander.
- **Z. 10 bis 17:** Neue Website des Duden; Jugendliche können Begriffe einstellen und der Duden prüft sie auf ihre Häufigkeit.
- **Z. 18 bis 24:** Google als letzte Instanz der Prüfung; Duden will aus der Website ein Wörterbuch „destillieren".
- **Z. 25 bis 31:** Mehrzahl der jugendsprachlichen Ausdrücke sind Anglizismen.
- **Z. 32 bis 39:** Vorsilbe „ab" ist immer noch sehr produktiv in der Jugendsprache.
- **Z. 40 bis 49:** Einige Wörter der Jugendsprache sind in die Allgemeinsprache übergegangen.
- **Z. 50 bis 57:** Kritik an der Seite: Wörter können zu leicht Eingang in ein Lexikon finden.

›› Seite 16/17

4a. Es handelt sich um die Angaben „jetzt" (Z. 4), „dann" (Z. 15) und „bis Herbst" (Z. 23).

4b. Sie sollten „auf den ersten Blick" und „Ein weiterer Erkenntnisgewinn" markiert haben.

5a. Die Absätze 5 bis 7 enthalten Aussagen über die Jugendsprache, wie sie sich in einem Internetportal darstellt, während die übrigen Absätze das Portal und seinen Zweck kommentieren. Die Beispiele sollen den Text lebendig machen und die Beantwortung der Frage der Einleitungssätze „Sprechen Sie Szenesprache?" erleichtern.

›› Seite 17

5b. Der Autor steht dem Internetportal bzw. seiner Funktion sehr kritisch gegenüber. Auffällig sind zunächst die ironischen Spitzen im Text (z.B. Darstellung der Politik und Jugend im ersten Ansatz, „Schnappschuss der Jugendsprache"). Direkte Kritik übt der Autor dann an der „letzten Instanz" Google sowie am geplanten Wörterbuch selbst: Dass „irgendein ‚Opferkind' Begriffe … in die Nähe der Druckreife katapultieren" kann, sei nicht so „geilomat". – Beachten Sie hier die Hinweise zum Zitieren auf S. 60f.

Kapitel 2: Sachtexte schriftlich untersuchen

›› Seite 19/20

1a. Außer auf den Inhalt selbst (vgl. dazu Aufgabe 2) können sich Ihre ersten Eindrücke auch auf die sprachliche Gestaltung oder die Argumentation beziehen.

1b. Der Artikel schildert verschiedene Experimente, die deutlich machen, dass schlechtere Leistungen von Frauen in der Mathematik nicht auf mangelnde geistige Fähigkeiten zurückzuführen sind. Sondern immer dann, wenn Frauen in irgendeiner Form mit negativen Rollenbildern konfrontiert werden, sinken ihre Leistungen.

1c. Die Aufgabe enthält die Operatoren „analysieren" und „bewerten". Das heißt, der Artikel muss inhaltlich (Aussage des Textes, Argumentationsstruktur, Argumentationsweise, Intention) und formal (Sprache, Stil) untersucht werden. Zudem wird von Ihnen erwartet, dass Sie zu den Aussagen des Textes eine eigene Meinung entwickeln.

1d. „in einem legitimeren Licht": unter einem besser vertretbaren Aspekt – „kognitive Fähigkeiten": das Erkenntnisvermögen betreffende Fähigkeiten – „Stigmatisierungsprozesse": Menschen werden Eigenschaften zugeschrieben, die sie dann auch übernehmen – Exaltation: übertriebene Begeisterung

1f. emotional, irrational: die Adjektive beschreiben typische Eigenschaften, die diesem Rollenbild entsprechen – klischeehaft, stereotyp: die Adjektive charakterisieren bzw. beschreiben den Begriff „Rollenbild" selbst

›› Seite 21/22

2a.
- **Z. 1 bis 15: Einleitung:** Erklärung für den geringen Frauenanteil in mathematiklastigen Fächern ist nicht in „natürlichen" Begabungsunterschieden zu suchen.
- **Z. 16 bis 50: 1. Experiment:** Zwei homogene Gruppen lösen denselben Test: einer Gruppe wird gesagt, Frauen erzielten

ebenso gute Ergebnisse wie Männer, und der anderen Gruppe, die Ergebnisse schwankten nach Geschlecht. Ergebnis: Frauen schnitten in der zweiten Gruppe schlechter ab; Vermutung: Mathematikleistung ist auch das Resultat eines Stigmatisierungsprozesses.

- **Z. 51 bis 91: 2. Experiment:** Probanden werden unterschiedliche Werbespots vorgeführt, die Frauen einmal in nichtstereotyper und einmal in stereotyper Weise zeigen. Ergebnis: Probanden erkennen Wörter schneller, die zu diesen klischeehaften Frauenbildern gehören, traditionelle Rollenbilder haben sich offensichtlich verfestigt.
- **Z. 92 bis 122:** Zwei weitere Experimente zeigen, dass die Auswirkungen der Konfrontation mit Klischees noch weiter reichen und sogar die Berufswahl beeinflussen können.

2b. *Teufelskreis:* Aufgrund der Konfrontation mit negativen Klischees meiden viele Frauen mathematiklastige Studienfächer. Dadurch wird das Klischee, dass Frauen keinen Zugang zur Mathematik fänden, weiterhin verstärkt und hält Frauen vom Studium entsprechender Fächer ab.

2c. Argumentationsstruktur und -weise: Thema wird induktiv in linearer Argumentation entfaltet, die Argumentationsweise ist sachlich – Sprachliche Gestaltung, Stil: durch den stellenweise komplexen Satzbau und die Fremdwörter sprachlich relativ anspruchsvoll; überwiegend sachlich geschrieben, allerdings vereinzelt auch mit Formulierungen wie „eine Art kulinarischer Ekstase", die darauf hindeuten, dass der Text auch unterhalten möchte – Intention des Autors: auf sachliche und zum Teil unterhaltende Art informieren; es werden keine Forderungen erhoben.

2d. Bei dem Artikel handelt es sich um einen typischen Sachtext, bei dem es vor allem um die vermittelten Inhalte geht. Weitere Informationen zum Autor oder zur Entstehungszeit oder zur medialen Verbreitung bringen keine vertieften Erkenntnisse.

» Seite 22

3a. Der Autor will erklären, warum Frauen in mathematiklastigen Studiengängen nicht entsprechend vertreten sind. Zu diesem Zweck trägt er die Ergebnisse verschiedener psychologischer Experimente vor, die alle zu dem Schluss kommen, dass Frauen in ihrem Verhalten unbewusst noch von alten Rollenklischees beeinflusst sind.

» Seite 23

4a. Die Gliederung ist insgesamt zu knapp gehalten, insbesondere fehlen Textverweise (d. h., es ist nicht klar, welche Textstellen zitiert werden sollen).

Auch wenn nicht immer auf alle Untersuchungsaspekte eingegangen werden muss: Zur Sprache eines Textes sollte es stets einen zumindest knappen Hinweis geben.

In der Gliederung wird außerdem kein „roter Faden" sichtbar. Auch knüpft der Schlussteil nicht an die Einleitung an.

5a. Hier sollten Sie die Arbeitsergebnisse aus den Aufgaben 2 und 3 berücksichtigen.

Kapitel 3: Sachtexte schriftlich erörtern

» Seite 25/26

1a. Außer auf den Inhalt selbst (vgl. dazu Aufgabe 2) können sich Ihre ersten Eindrücke auch auf die sprachliche Gestaltung, die Argumentation oder den gesellschaftlichen Kontext (Stellung der „Neuen Medien" in unserer Gesellschaft) beziehen.

1b. Honnefelder vergleicht alte und neue Medien. Alte Medien sind für ihn vor allem Bücher, Zeitungen und schriftliche Dokumente aller Art. Neue Medien sind für ihn elektronische Medien wie das Internet. Bei den neuen Medien vermisst Honnefelder Dauerhaftigkeit (Permanenz), Öffentlichkeit und Selektion (Auswahl).

1c. Der Operator „analysieren" signalisiert, dass Sie den Text unter inhaltlichen (Ausssage des Textes, Argumentationsstruktur, Argumentationsweise, Intention) und formalen Aspekten (Sprache, Stil) untersuchen sollen. „Erörtern Sie" bedeutet, dass Sie sich mit den Aussagen des Textes kritisch auseinandersetzen müssen und sich Ihre eigene Meinung bilden und sie formulieren sollen.

1d. Mit dieser Aufgabe wird keine Lösung im eigentlichen Sinne angestrebt. Es geht vielmehr darum, dass Sie in das Thema hineinfinden, Ihr Vorwissen aktivieren und mögliche Problemfelder erkennen.

» Seite 26/27

2a.
- **Fehlende Permanenz:** wird einerseits begründet durch die Tatsache, dass wichtige Texte (Urkunden, Verträge usw.) nach wie vor auf Papier fixiert werden, andererseits verdeutlicht durch das Beispiel der Tontafeln aus Mesopotamien
- **Fehlende Öffentlichkeit:** wird durch zwei Beispiele (Internet, Fernsehen) gestützt: je mehr individuelle Möglichkeiten existieren, desto weniger Gemeinsamkeiten gibt es
- **Fehlende Selektion:** wird im Unterschied zum Buch und dessen Selektionsinstanzen (Verlage, Bibliotheken, Buchhandlungen) herausgearbeitet, aber letztlich nur behauptet

Wie Ihre eigenen Stellungnahmen zu den Punkten aussehen, müssen Sie letztlich selbst entscheiden. Folgende Punkte könnten aber in Ihrer Argumentation eine Rolle spielen:
Neue Medien zielen aus heutiger Sicht nicht in erster Linie auf Dauerhaftigkeit (Permanenz), sondern setzen ihr den Vorteil der Aktualität entgegen. Übertrieben formuliert: Bis ein Buch gedruckt ist, ist dessen Inhalt bereits veraltet.
Auch die alten Medien garantieren längst keine Öffentlichkeit mehr. Z. B. erscheinen jährlich weit über 100.000 Bücher allein in Deutschland, auf der anderen Seite gibt es Internetplattformen mit Hunderttausenden Nutzern.
Den fehlenden Selektionsinstanzen wird im Internet eine neue Kultur der Kommentierung entgegengesetzt. Es kann zwar jeder unkontrolliert Inhalte ins Netz stellen, die Inhalte können aber auch von jedem bewertet werden.

2b. Die Argumentationsweise (samt der Sprache) ist sachlich und überwiegend anschaulich. Honnefelder entfaltet seine Argumentation linear, ohne dabei Gegenpositionen zu berücksichtigen.

Auf rhetorische Techniken (wie Übertreibungen, Aufstellen von Scheinalternativen usw.) wird verzichtet.

2c. Für Honnefelders Argumentation spielt sicher eine Rolle, dass er von dem klassischen Medium Buch herkommt. Er hat jahrelang an führender Stelle in einem Verlag gearbeitet.

» Seite 27

3a. Hier kommt es vor allem auf Ihre Position zum Thema an. Darüber hinaus sollten Sie natürlich die Hinweise in den verschiedenen Infoboxen berücksichtigen. Wichtig ist dabei, dass Sie zwischen dem heutigen Wissensstand und der entsprechend eingeschränkten Sichtweise Honnefelders unterscheiden.

» Seite 28

4a. Eine mögliche Gliederung (nach dem These-Gegenthese-Modell) könnte so aussehen:

Einleitung	› „Siegeszug" der neuen Medien (Internet, Mobilfunk, Fernsehen usw.) in den letzten zwei Jahrzehnten: Wie ist Qualität dieser Medien zu bewerten? › Ein frühes Urteil stammt von Honnefelder, der diesen Medien in seinem Essay „Kultur braucht Auswahl" im Wesentlichen die Qualitätsmerkmale Dauerhaftigkeit, Auswahl und Öffentlichkeit abspricht.
Hauptteil	› Honnefelder entfaltet seine Argumentation linear, ohne dabei allerdings Gegenpositionen zu berücksichtigen. Im Einzelnen behauptet er: › fehlende Permanenz (vgl. Lösung 2a.) – aber: Neue Medien zielen aus heutiger Sicht nicht in erster Linie auf Dauerhaftigkeit (Permanenz), sondern setzen ihr den Vorteil der Aktualität entgegen › fehlende Öffentlichkeit (vgl. Lösung 2a.) – aber: auch die alten Medien garantieren längst keine Öffentlichkeit mehr. Z. B. erscheinen jährlich weit über 100.000 Bücher allein in Deutschland, auf der anderen Seite gibt es Internetplattformen mit Hunderttausenden Nutzern › fehlende Auswahl (vgl. Lösung 2a.) – aber: den fehlenden Selektionsinstanzen wird im Internet eine neue Kultur der Kommentierung entgegengesetzt. Es kann zwar jeder unkontrolliert Inhalte ins Netz stellen, die Inhalte können aber auch von jedem bewertet werden
	› Grundsätzlich ist der Artikel zwar sachlich und anschaulich geschrieben, andererseits fällt auf, dass er viele überflüssige Fremdwörter (Selektion, Permanenz, oszillierender Reiz usw.) verwendet; auch die rhetorischen Fragen im Konjunktiv II am Textanfang tragen nur bedingt zur Klärung der Sachfrage bei.
Schluss	› Als frühe Einschätzung der neuen Medien ist das Essay aus heutiger Sicht zwar interessant, doch zeigt die kritische Auseinandersetzung mit Honnefelders Argumenten, dass Honnefelder die Medien falsch beurteilt hat. › Insbesondere hat Honnefelder die grundsätzliche Leistung der neuen Medien nicht erfasst, die vor allem auch als schnelle Kommunikationsmedien (Facebook, Twitter, Blogs, Communitys usw.) fungieren und hier fast unverzichtbar geworden sind.

5a. Hier können Sie sich, wenn Sie möchten, am Vorschlag in Lösung 4a. orientieren.

Kapitel 4: Diskontinuierliche Texte auswerten

» Seite 29/30

1a. Es handelt sich um ein Kurvendiagramm: Auch wenn die absoluten Veränderungen der Temperatur vom Mittelwert der Jahre 1961 bis 1990 auch in Form von Balken bzw. Säulen angezeigt werden, steht im Zentrum doch eine Kurve, die diese Entwicklung um Schwankungsausschläge bereinigt anzeigt.

1b. Richtig sind: b), c)

1c. **Thema/Überschrift:** Veränderung der globalen Mitteltemperatur 1860–2008

Quelle/Urheber: nicht angegeben

Aufbau: Dargestellt sind die globalen Jahresmittelwerte der bodennahen Lufttemperatur in ihrer Abweichung vom Mittelwert der Jahre 1961 bis 1990. Der Zeitraum der Darstellung umfasst die Jahre 1860 bis 2008. Maßeinheit sind Zehntelgrade (Celsius), von – 0,6 bis 0,6 Grad.

Aussageabsicht: Dargestellt werden soll, dass die Durchschnittstemperatur trotz gelegentlicher Abweichungen seit dem Beginn des 20. Jahrhunderts im Schnitt stetig gestiegen ist.

» Seite 31

2a. Das Diagramm steht wahrscheinlich im Kontext der Debatte um den globalen Klimawandel und der damit verbundenen Erderwärmung.

3a. Das Diagramm enthält vermutlich keine Fehler (wenn man annimmt, dass alle Daten richtig grafisch umgesetzt wurden), hat dafür aber eine Reihe von Mängeln:

› Keine Quellen- bzw. Urheberangabe.

› Die Balken, die die absoluten Veränderungen der Temperatur vom Mittelwert der Jahre 1961 bis 1990 anzeigen, sind so klein gedruckt, dass weder eine Zuordnung zu einem Jahr leicht möglich ist, noch die genaue Höhe der Abweichung leicht ermittelt werden kann.

- Unklar ist auch, was „global" hier bedeutet (sind die Temperaturen auf der Zugspitze genauso berücksichtigt wie die auf den Seychellen?) und wie der Verlauf der Kurve ermittelt wurde.

3b. Der Text fasst die Diagrammaussage zusammen („waren die bodennahen globalen Durchschnittstemperaturen der Erde nie so hoch wie in den Jahren seit 1990") und nennt einzelne signifikante Werte, die sich aus der Darstellung ergeben (wobei die Angaben im letzten Satz überflüssig ausführlich sind). Dagegen geht Kasang nicht auf die Diagrammart und den Aufbau des Diagramms ein. Auch wird das Diagramm weder in einen größeren Problemzusammenhang eingeordnet noch wird auf seine Mängel eingegangen.

Kapitel 5: Prosatexte schriftlich analysieren

» Seite 33/34

1a. Außer auf den Inhalt selbst (vgl. dazu Aufgabe 1c.) können sich Ihre ersten Eindrücke z. B. auch auf die sprachliche Gestaltung oder die Motive beziehen.

1b. Die Aufgabe verlangt, dass der Text unter inhaltlichen und formalen Aspekten analysiert werden muss. Besonders wichtig sind dabei offensichtlich die Zeitgestaltung des Textes und die Motive, denn diese werden in der Aufgabenstellung extra genannt.

1c.
- **Ort, Zeit; Personen:** Falun in Schweden im Jahr 1809 um den Johannistag; die Verlobte eines Bergmanns.
- **Z. 1 bis 22:** Beginn einer Rückblende: vor rund 50 Jahren verunglückt ein Bergmann bei einem Bergwerksunglück kurz vor der Hochzeit, seine Braut vergisst ihn „nie".
- **Z. 23 bis 39:** In Form einer extremen Zeitraffung werden die 50 Jahre bis zum Erzählzeitpunkt als geschichtlicher Abriss, der dann ins Allgemeine überleitet, dargestellt.
- **Z. 40 bis 73:** Nach 50 Jahren wird der Leichnam des Verlobten unverwest gefunden; die nunmehr alte Frau empfindet mehr Entzücken als Schmerz beim Anblick der jugendlichen Leiche; als Einzige, die ihn noch kennt, kann sie ihn beerdigen.
- **Z. 74 bis 86:** Die Braut verabschiedet sich am Grab von ihrem ehemaligen Verlobten in der Hoffnung auf ein Wiedersehen im Jenseits.
- **Ergebnis der Handlung:** Der ehemalige Verlobte ist nunmehr im „Hochzeitsbett" beerdigt, die Braut im Hochzeitskleid wird ihm bald nachfolgen; trotz der tragischen Geschichte positive Stimmung am Ende.

1d. Beim „Unverhofften Wiedersehen" handelt es sich um eine kurze, auf den ersten Blick einfach zu verstehende Geschichte, die von Liebe und Treue bis in den Tod erzählt.

» Seite 35/36

2a. Durch die Aufgabenstellung wurden die Zeitgestaltung und die Motivtechnik als besonders genannt. Die Textanalyse sollte deshalb mit diesen Aspekten beginnen.

2b. Die erzählte Zeit erstreckt sich über rund 50 Jahre. Der Text setzt mit einer Rückblende ein, die das Vorgeschehen schildert. In extremer Zeitraffung wird der Zeitraum von 50 Jahren bis zur Erzählgegenwart überbrückt. Das Geschehen in der Erzählgegenwart umfasst rund einen Tag vom Auffinden der Leiche und der Beerdigung am nächsten Tag (vgl. „Den andern Tag, als das Grab gerüstet war …"). Am Ende formuliert die Braut außerdem einen Ausblick in die Zukunft („und komme bald, und bald wird's wieder Tag"; vgl. auch das Futur in Z. 84). Mit „Sankt Luciä" und „Johannis" werden außerdem zwei wichtige Ereignisse relativ konkret datiert.

2c. Semantisch verknüpft mit dem Thema „Tod" sind zunächst Ausdrücke wie „Totenkleid" und „Grab", dann aber vor allem die Farbe Schwarz. Mit dem Thema „Liebe" sind Ausdrücke wie „Braut" oder „Hochzeit" verbunden, dann aber auch die Farbe Rot: Die beiden Motivbereiche verbinden sich im Motiv des schwarzen Halstuchs mit rotem Rand, das ganz bildhaft gedeutet werden kann: Liebe umschließt den Tod.

2d. Auffällig ist zunächst, dass der Tag der Hochzeit im Zeitraum um den kürzesten Tag des Jahres hätte stattfinden sollen, der für den Bergmann den Tod bringt. Die Beerdigung dagegen (zu der die ehemalige Braut ihr Hochzeitskleid samt dem schwarzen Halstuch mit rotem Rand trägt) im Zeitraum um den längsten Tag des Jahres stattfindet. Dass die ehemalige Verlobte am Grab betont: „und bald wird's wieder Tag", zeigt, dass für sie jener Tag, der dann nur der Jüngste Tag sein kann, von großer Bedeutung ist. Daraus, dass der Bergmann schon einmal „auferstanden" ist, schließt die Frau, dass er auch an diesem Tag (dann mit ihr) „auferstehen" wird.

2e. Ergiebig sind weiterhin das Erzählverhalten (neutraler Erzähler), Darstellungsform (überwiegend berichtend, als die ehemalige Braut die jugendliche Leiche sieht, aber auch szenisch) sowie die Figurengestaltung (die ehemalige Braut bleibt namenlos und ist durch ihr Verhalten als treu, aufrichtig, bescheiden, … charakterisiert).

2f. Hebel verwendet außerhalb der stark zeitraffenden Passage eine anschauliche und attributreiche Sprache, wobei die Wortwahl aus heutiger Sicht zum Teil veraltet wirkt („holde Braut", „nimmer", „Grab gerüstet" usw.). Einzelne Wörter haben außerdem einen dialektalen Einschlag (z. B. „Kirchhof", „Sonntagsgewand"). Der Satzbau weicht an manchen Stellen von der Standardsprache ab (z. B.: „und wie sie ihn endlich von den Bergleuten in ihr Stüblein tragen ließ, als die Einzige, die ihm angehöre und ein Recht an ihn habe, bis sein Grab gerüstet sei auf dem Kirchhof." = hauptsatzlose Fügung). Auffällig ist auch der an die biblische Sprachverwendung erinnernde Satz: „Ich habe nur noch wenig zu tun und komme bald, und bald wird's wieder Tag."

2g. Hebels Geschichte ist kurz und volkstümlich. Sie greift eine besondere Begebenheit auf, die die Neugier und das Interesse eines einfachen Publikums wecken kann. Die Sprache wirkt auf uns mitunter veraltet, entsprach aber einem im 19. Jahrhundert verbreiteten volkstümlichen Ton. Die Geschichte verfolgt eine lehrhafte Absicht: Sie lobt die Treue einer Braut über Jahrzehnte weg und verbindet damit auch religiöse Belehrung. Wer sich über so viele Jahre treu zeigt, dem ist die Auferstehung und das himmlische Leben sicher.

» Seite 36

3a. Die Deutungsthese berücksichtigt den religiösen Aspekt der Erzählung nicht.

3b. Ihre Deutungsthese könnte lauten: Hebel zeigt in seiner lehrhaften Kalendergeschichte die große Treue einer Braut zu ihrem verstorbenen Bräutigam. Die Botschaft der Geschichte lautet: Diese Treue bis in den Tod wird von Gott belohnt mit der Auferstehung nach dem Tode.

» Seite 37

4a. Hier müssen Sie die Arbeitsergebnisse aus den Arbeitsschritten 2 und 3 berücksichtigen.

5a. Interpretation zu Johann Peter Hebels Kalendergeschichte „Unverhofftes Wiedersehen"

Es ist eine schöne Geschichte – eine, die den Leser sofort bei der ersten Lektüre berührt und ihn in das Geschehen versinken lässt, und doch eine Geschichte, die zum Nachdenken anregt: Was alles kann die Liebe erreichen? Und was kann der Tod alles zerstören? Fragen, die sich gleich nach der Lektüre aufdrängen und die in den Kern der thematischen Gestaltung von Johann Peter Hebels Kalendergeschichte „Unverhofftes Wiedersehen" führen.

Erzählt wird die Geschichte von einem neutralen Erzähler, der sofort mit dem ersten Satz in Zeit und Ort der Handlung einführt und die Hauptperson vorstellt: „In Falun in Schweden küsste vor guten fünfzig Jahren ein junger Bergmann seine junge hübsche Braut ..." Doch das Glück des Brautpaars ist nur von kurzer Dauer. Der Bergmann verunglückt acht Tage vor der Hochzeit; die Braut, die am selben Tag für ihren Bräutigam ein „schwarzes Halstuch mit rotem Rand" (Z. 19 f.) gestickt hatte, schließt das Halstuch weg, weint um ihren verstorbenen Bräutigam „und vergaß ihn nie" (Z. 22). In einer kurzen Aufzählung historischer Ereignisse zwischen dem Erdbeben in Lissabon im Jahre 1755 und der Zerstörung Kopenhagens durch die Engländer 1807 vollzieht der Erzähler den Sprung in die Erzählgegenwart. Bei Ausgrabungen in einem Bergwerk wird der von Eisenvitriol durchdrungene und somit unverweste Leichnam eines jungen Mannes geborgen, den nur noch – das „Unverhoffte Wiedersehen" – seine ehemalige Braut, „jetzt in der Gestalt des hingewelkten kraftlosen Alters" (Z. 65 f.), erkennt und den sie als ihren ehemaligen Bräutigam am darauffolgenden Tage beerdigen lässt. Zur Beerdigung erscheint sie im Hochzeitskleid und mit jenem schwarzen Halstuch mit rotem Rand, das sie einst für ihn gestickt hatte. Für sie ist das Grab zum Hochzeitsbett geworden, in das sie ihrem Bräutigam bald nachfolgen wird.

Mit dem Handlungsverlauf der Geschichte ist zugleich die äußere Zeitgestaltung benannt. Ein Rückblick auf die Zeit von vor fünfzig Jahren eröffnet die Erzählung, in extremer Zeitraffung wird zur Erzählgegenwart geführt, in der die Schilderung des „Unverhofften Wiedersehens" szenische Züge annimmt. Vergleichsweise ausführlich werden das Aussehen der Braut und ihre Gefühle beschrieben, bevor mit einem kürzeren Zeitsprung auf den Tag der Beerdigung übergeleitet wird. Die Beerdigung selbst verweist dann auf die Zukunft, indem die Braut sagt: „Ich habe nur noch wenig zu tun und komme bald, und bald wird's wieder Tag. Was die Erde einmal wiedergegeben hat, wird sie zum zweiten Male auch nicht behalten." Zukunftsweisend ist diese Äußerung aber nicht nur durch die zwei Verbformen im Futur I und das futurische Präsens (vgl. „Ich ... komme bald", Z. 83), sondern vor allem durch den Hinweis auf das „zweite Mal" (vgl. „zum zweiten Male, Z. 84"), womit nur die Auferstehung, d. h. der Jüngste Tag gemeint sein kann. Gestützt ist diese Deutung dabei zum einen durch die innere Zeitgestaltung, die zugleich auf die Motivstruktur des Textes verweist: Der Bräutigam kann kurz vor dem Luciatag, also dem 13. Dezember, seiner Braut noch einen guten Morgen wünschen, aber keinen guten Abend mehr. Das Wiedersehen erfolgt dagegen um den längsten Tag des Jahres herum (vgl. „etwas vor oder nach Johannis", Z. 40); das Nomen „Tag" wird dabei in den letzten Textzeilen fünf Mal wiederholt: „Den anderen Tag", „Hochzeitstag", „nicht der Tag seiner Beerdigung", „noch einen Tag", „wird's wieder Tag". Dieser Deutung entspricht zum anderen der biblisch-reihende Stil in der Schlussäußerung der Braut („... und komme bald, und bald wirds wieder Tag") und die Personifizierung der Erde, die den Bräutigam wiedergeben wird, und durch die auf Gott, der bereits das erste Wiedersehen ermöglicht (vgl. „den mich Gott noch einmal sehen lässt ..., Z. 61"), verwiesen wird.

Neben dem Motiv des (Jüngsten) Tages spielen dabei die beiden Motivbereiche des Todes und der Liebe eine wichtige Rolle, die sich an zentralen Textstellen überlagern: die „geliebte Leiche" (Z. 57), die Beerdigung im Hochzeitskleid und das Grab als Hochzeitsbett, vor allem aber das leitmotivische schwarze Halstuch mit rotem Rand, das symbolhaft auf die Deutung der Geschichte verweist: Liebe (symbolisiert durch den roten Rand) umschließt den Tod (das eigentliche schwarze Tuch).

Dass dies möglich ist, die Liebe also den Tod aufhebt, liegt nicht nur am Glauben der ehemaligen Braut und ihrer Hoffnung auf die Auferstehung und den Jüngsten Tag, sondern auch an ihrer Treue, die der Erzähler der ansonsten typisierten Figur zuschreibt: „...und vergaß ihn nie" (Z. 22) und „‚es ist mein Verlobter', sagte sie endlich, ‚um den ich fünfzig Jahre lang getrauert hatte'" (Z. 60). Es ist dabei nicht nur der lange Zeitraum an sich, der für ihre Treue spricht, sondern es sind gerade auch ihre Gefühle beim Anblick der Leiche (vgl. „mehr mit freudigem Entzücken als mit Schmerz", Z. 56 f.), sodass sie jetzt auch von ihrer Trauer im Plusquamperfekt sprechen kann („getrauert hatte" statt, wie eigentlich zu erwarten wäre, „getrauert habe"): Die Liebe der Braut ist immer noch stärker als der Tod.

Was also kann die Liebe alles erreichen? Sie kann den Tod überwinden. Und was kann der Tod alles zerstören? Nichts, wenn der Mensch nur liebt und glaubt!

Johann Peter Hebel, der schon in früher Kindheit und Jugend mit dem Tod erst seines Vaters und später dann mit dem Tod seiner Mutter schmerzhafte Todeserfahrungen gemacht hatte, mag dieses Wissen Kraft gegeben und vielleicht auch seinen Beruf als Pfarrer mitbestimmt haben. Für seine zeitgenössischen Leser – zwischen dem Erdbeben in Lissabon und den Schrecken der Koalitionskriege – gilt dies wohl ebenfalls. Und für uns heute? Hebel verweist in seinem geschichtlichen Abriss auf die Vergänglichkeit allen Lebens (vgl. „und Kaiser Franz der Erste starb, [...], und die Kaiser Maria Theresia starb, und der Struensee wurde hingerichtet, [...], und der Kaiser Joseph starb auch. [...] und Kaiser Leopold der Zweite ging auch ins Grab.", Z. 23–37). Vielleicht ist die Geschichte Hebels für uns heutige Leser auch deshalb so schön und berührend, weil nicht nur „der Bergmann [...] sein Totenkleid immer an [hat]", sondern wir alle.

Kapitel 6: Dramatische Texte schriftlich analysieren

» Seite 42

1a. Außer auf den Inhalt selbst (vgl. Aufgabe 1b.) können sich Ihre ersten Eindrücke z. B. auch auf die sprachliche Gestaltung, die Figurengestaltung oder auch den Titel beziehen.

1b. Ein Hausierer will unbedingt Gottlieb Biedermann sprechen, der eigentlich einen gemütlichen Abend mit einer Flasche Wein verbringen will. Der Hausierer lässt sich vom Hausmädchen nicht abweisen und dringt zu Biedermann vor.

1c. Die Aufgabe verlangt die Analyse des Textes unter inhaltlichen und formalen Gesichtspunkten. Ausdrücklich wird verlangt, die Gestaltung der Figur Biedermanns zu untersuchen. Zudem sollen Sie sich Gedanken machen, wie die Handlung des Stückes weitergehen könnte. Damit wird deutlich, dass der Textausschnitt aus der Exposition des Stückes stammt, d. h., dass sich hier der Konflikt bzw. das Thema des ganzen Stückes andeuten dürfte.

1d. Biedermann versucht vergeblich, einen Hausierer abzuweisen. Hinweise im Text auf Hausierer, die sich in fremden Häusern „einnisten" und dann Feuer legen, lassen vermuten, dass der Hausierer nicht harmlos ist.

» Seite 42–44

2a.
- **Ort, Zeit der Handlung:** Im Wohnzimmer Biedermanns (keine Angaben zur Stadt oder einem Land), am frühen Abend (Biedermann öffnet sich gerade eine Flasche Wein, würde den Hausierer „morgen" im Geschäft empfangen; keine Angaben zur Jahreszeit oder dem Handlungsjahr).
- **Vorgeschichte:** Es gehen offenbar Brandstifter (vgl. den Titel) in der Stadt um, die sich als „harmlose Hausierer" in Häuser einschleichen. – Zentrale Figuren: Aufgrund des Titels könnte Biedermann die Zentralfigur sein; ist Schmitz tatsächlich ein „Brandstifter", dürfte er eine weitere Hauptfigur sein.
- **Konflikt:** Lässt sich nur mit Blick auf die Vorgeschichte erschließen: Schmitz könnte „Brandstifter" sein, Biedermann sein nächstes Opfer.

2b. Biedermann:

- **Äußere Merkmale:** Der Text enthält keine Angaben zu den äußeren Merkmalen Biedermanns. Da er aber Geschäftsmann ist und Inhaber eines eigenen Geschäfts, wobei ihn die äußeren Attribute (Dienstmädchen, Wein, Zigarre) als erfolgreich ausweisen und in der Kontrastierung mit Schmitz (siehe unten) kann man ihn sich auch äußerlich als „Biedermann" vorstellen (gediegene Kleidung, eher unsportlich, …).
- **Innere Merkmale:** Biedermann ist selbstgerecht und von sich selbst überzeugt („ich bin kein Unmensch", Z. 46), vertritt reaktionäre Ansichten („Aufhängen sollte man sie.", Z. 10 und 16), lässt sich aber andererseits von Schmitz vorführen. In seinem Verhalten fällt vor allem sein herrisches Auftreten gegenüber Anna auf. Zugleich verhält er sich gegenüber Schmitz eher unterwürfig. Charakteristisch ist auch die Art, wie er genießerisch-weltmännisch seinen Wein entkorkt (was ebenfalls auf sein positives Selbstbild verweist).

Schmitz:

- **Äußere Merkmale:** Über Schmitz' Äußeres macht die Regieanweisung (vgl. Z. 53 ff.) recht genaue Angaben; über seine inneren Eigenschaften kann man nur aus seinem Verhalten Rückschlüsse gewinnen. Schmitz ist sehr selbstbewusst (er setzt sich über den Wunsch Biedermanns und die Person des Dienstmädchens hinweg und dringt in Biedermanns Haus ein; besteht auf seinem „Guten Abend"-Gruß gegenüber Biedermann) und irritiert Biedermann sichtlich.

2c. Die Sprache ist nicht metrisch gebunden oder auf andere Weise künstlerisch gestaltet. Es handelt sich um einfache, meist kurze Sätze mit einem alltäglichen Wortschatz, wobei es wie in der gesprochen Alltagssprache zu Verschmelzungen und Verkürzungen kommt (z. B. „Hab ich's" statt „Habe ich es"). Auffällig sind weiterhin: Ungewöhnliche Wortfolge (z. B. „Nämlich er ist sehr kräftig …", Z. 29 statt „Er ist nämlich sehr kräftig …"), Wiederholungen und Satzabbrüche (z. B. „ich bin kein Unmensch, aber – ich bin kein Unmensch, Anna, das wissen Sie ganz genau!", Z. 46 ff.) und Kurz- bzw. elliptische Sätze (z. B. „Ohne zu klopfen.", Z. 67).

2d. Biedermanns Verhalten gegenüber Anna: Biedermann fühlt sich zunächst von Anna gestört („Was denn?") und reagiert auf ihre Äußerungen zunächst nur mit kurzen Nachfragen (vgl. „Was denn?", „Wer?", 2 x „Wieso nicht?", „Sondern?"), bevor er dann zu einer längeren Rede anhebt, in deren Verlauf er Anna anfährt (vgl. „Das habe ich Ihnen schon hundertmal gesagt!", Z. 48 f.). Bis zu dieser Rede ist Biedermann außerdem damit beschäftigt, eine Flasche Wein zu öffnen, sich einzuschenken, zu kosten. Diese Tätigkeit scheint ihm wichtiger zu sein als das Gespräch. Er fühlt sich durch Anna (und Schmitz) gestört und möchte verdeutlichen, dass er eigentlich in Ruhe seinen Wein trinken will.

Biedermanns Verhalten gegenüber Schmitz: Als Schmitz eintritt, verliert Biedermann zunächst seine Zigarre (Symbol des Wohlstands und der Macht), die ihm Schmitz bezeichnenderweise wieder reicht. Durch die plötzliche Anwesenheit Schmitz' und den zweifachen Gruß „Guten Abend" ist Biedermann irritiert, versucht dann aber forsch aufzutreten (vgl. „Was soll das heißen? Ich habe dem Mädchen ausdrücklich gesagt, Sie sollen im Flur draußen warten.", Z. 63 f.). Da Schmitz darauf nicht regiert, wird er unsicher, was sich auch sprachlich zeigt (vgl. „Wieso – ich muß schon sagen … ohne zu klopfen …", Z. 65), und dann geradezu kleinlaut (vgl. „Ohne zu klopfen.", Z. 67). Schmitz dagegen beharrt selbstsicher auf seinem Gruß und dann auf seiner Vorstellung.

2e. Geschehen im Ausschnitt: Auch Biedermann wird von einem „harmlosen" (zumindest aber freundlichen und gut erzogenen) Hausierer besucht, der offenbar nicht gewillt ist, sich abwimmeln zu lassen, und es schafft, seinen Willen durchzusetzen. Auch bei Biedermann gibt es freien Wohnraum (vgl. „Und wenn wir drei freie Betten haben …", Z. 49). –

Prognose zum weiteren Handlungsverlauf: Aufgrund der Parallelität zur Vorgeschichte und natürlich aufgrund des Titels, liegt die Vermutung nahe, dass Schmitz zu den Brandstiftern gehört und er sich bei Biedermann „einnisten" wird. Da Biedermann schon in dem kurzen Dramenausschnitt nicht in der Lage ist, sich gegenüber Schmitz zu behaupten, wird ihm dies in der Folge wahrscheinlich auch nicht gelingen

3a. Der Textausschnitt entlarvt die zwiespältige Haltung Biedermanns. Auf der einen Seite entrüstet er sich über Hausierer, die sich im Haus einnisten und dann Brände legen, auf der anderen Seite gelingt es ihm nicht, dem athletischen Hausierer Schmitz mit seinen Tätowierungen und Lederarmbändern selbstbewusst entgegenzutreten. Biedermann wirkt selbstgefällig und verhält sich unfreundlich zu seinem Dienstmädchen, das sozial unter ihm steht, versagt aber im Umgang mit Schmitz, der Kraft und Stärke ausstrahlt. Damit wird im Ausschnitt angedeutet, dass auch Biedermann zum Opfer des Hausierers werden könnte.

» Seite 45

4a. Hier sollten die Vorarbeiten aus den Arbeitsschritten 2 und 3 berücksichtigt werden.

Beachten Sie im Übrigen die Hinweise zum Erstellen einer Gliederung (vgl. S. 22 f.).

5a. Inhaltlich sind die Ausführungen korrekt. Formal ist Folgendes zu verbessern: Wiederholung streichen (Zigarre rauchend saß er in seiner Stube, rauchte eine Zigarre…). Inhaltliche Zusammenfassungen werden im Präsens und nicht (!) im Präteritum verfasst (also: Biedermann sitzt in seiner Stube, raucht eine Zigarre und lässt sich von seinem Dienstmädchen Anna …). Die Zitate sind nicht genau („Das habe ich Ihnen schon hundertmal gesagt." steht im Original mit Ausrufezeichen; umgekehrt wird beim Satz „Aufhängen sollte man sie!" in Zeile 9 ein Punkt gesetzt). Außerdem ist der Text stellenweise floskelhaft (z. B.: Hieraus kann man schon schließen, dass) und etwas zu langatmig formuliert.

Kapitel 7: Lyrische Texte schriftlich analysieren

» Seite 49

1a. Außer auf den Inhalt bzw. die Thematik können sich Ihre ersten Eindrücke z. B. auch auf die formale Gestaltung oder die Motive beziehen.

1b. Das Gedicht beschreibt die Klage einer Spinnerin, die beim Gesang der Nachtigall an ihren ehemaligen Geliebten denkt und sich ihn zurückwünscht.

1c. Die Aufgabenstellung gibt keine Hinweise. Sie verlangt von Ihnen, dass Sie das Gedicht unter inhaltlichen und formalen Aspekten analysieren. Sie müssen die wichtigen Erschließungsaspekte selbst finden.

1d. Es handelt sich bei dem Gedicht um die Klage eines verlassenen Mädchens, das seinen Verlust in einfachen, immer wiederkehrenden Sätzen mit immer ähnlichen Worten beschreibt. Bei dem Gedicht könnte es sich um ein Volkslied handeln.

» Seite 50/51

2a. Am Gedichtanfang wird gewissermaßen in die Situation des lyrischen Ich eingeführt, nämlich ihre Liebe zu einem Mann; dies war „vor langen Jahren". An diese Liebe denkt die Sprecherin am Gedichtanfang ebenso wie am Gedichtende, ohne dass sich eine Veränderung ergibt. Charakteristisch für die Situation des lyrischen Ich ist das Verhaftetsein in dieser Erinnerung.

2b. Metrum/Rhythmus: Dreihebiger Jambus in einem eingängigen, fast monotonen Rhythmus (vgl. die Gedichtform „Lied"). Der eingängige Rhythmus wird dabei durch die Reimstruktur und die vielen Wiederholungen gestützt.
Reimschema: Umarmende Reine (abba), wobei die a-Reime stets weiblich (also mit unbetonter Silbe), die b-Reime stets männlich (also mit betonter Silbe) enden.
Gedichtform: Lied: sechs vierzeilige Strophen, in denen nur wenige Sätze variiert werden (z. B.: „Da wir zusammen waren.", „Als wir zusammen waren", „Wie wir zusammen waren.") – Es entsteht eine eingängige, gleichförmige Klanggestalt.

2c. Das Gedicht ist bestimmt von Motiven der Romantik, wie bereits der Titel „Nachtlied" andeutet, also „Nacht" und „Musik". Mit der „Nacht" korrespondieren die Nachtigall und der Mond, mit der Musik die Gedichtform Lied und der „Schall" der Nachtigall. Bestimmend ist weiter die Sehnsucht durch die Erinnerung der Spinnerin an ihren Geliebten über „lange Jahre" hinweg sowie die Gefühlsbetontheit (die Erinnerung der Spinnerin, ihr „Herz"). Auffällig ist außerdem die dreifache Wiederholung „klar und rein".

» Seite 52

3a. Es handelt sich um die Klage eines verlassenen Mädchens, das den Verlust des Geliebten betrauert. Die auf den ersten Blick schlichte, liedhafte Form ist sehr genau durchgeformt durch Reim, Metrum und Wort- und Satzwiederholungen. Das Gedicht zeigt typische Motive der Romantik (Liebe, Nacht, Musik).

» Seite 53

4a. Die Gliederung ist insgesamt gelungen: Es gibt einen „roten Faden", wesentliche Aspekte des Gedichts werden erfasst. Verbessern lässt sich die Analyse und damit die Darstellung allerdings im Detail: So bleibt unerwähnt, dass es sich bei der Spinnerin um ein Rollen-Ich handelt, es wird zwar erwähnt, dass sich Verse variiert wiederholen, aber nicht klar genug herausgestellt, welche Verse „einmalig" und damit besonders beachtenswert sind (z. B. „Es sang vor langen Jahren"). Das Motiv der Klar- und Reinheit bleibt unberücksichtigt, die Modalausdrücke „wohl" in den Zeilen 1, 3 und 14 bleiben unbeachtet, … Hier hätte man also noch genauer am Text arbeiten können.

Kapitel 8: Rechtschreibung

›› Seite 58

1. **a)** Sie untersuchten den Text unter den Gesichtspunkten Figurenkonstellation, Zeit- und Raumgestaltung.
Das Wort „Figurenkonstellation" ist erstes Glied einer Aufzählung.

   b) Sie erhielten eine wichtige amtliche Mitteilung, die sie sofort öffneten.
Kein Komma zwischen „wichtige" und „amtliche", da die Glieder „wichtige" und „amtliche" nicht mit *und* verknüpfbar sind.
Dafür Komma nach „Mitteilung", weil hier ein Nebensatz beginnt.

   c) Jacob bat Janna, sich mit ihm gemeinsam auf die Klausur vorzubereiten.
Erweiterter Infinitiv.

   d) Jacob bat Janna darum, sich mit ihm gemeinsam auf die Klausur vorzubereiten.
Erweiterter Infinitiv, von einem Verweiswort abhängig.

   e) Jacob hatte die Idee, sich gemeinsam mit Janna auf die Klausur vorzubereiten.
Erweiterter Infinitiv, von einem Nomen abhängig.

   f) Janna sagte zu, ohne sich die Sache lange zu überlegen.
Erweiterter Infinitiv, mit „ohne" eingeleitet.

   g) Johannes hatte, weil er so in Eile war, den Rucksack zuhause vergessen.
Eingeschobener Nebensatz

›› Seite 59–61

2. **a)** Plötzlich hörten sie ein leises, zaghaftes Wispern.

   b) Er gab sein Geld für alles Mögliche aus.

   c) Dieses ewige Hin und Her ging ihm auf die Nerven.

   d) Sie bot ihm das Du an.

3. a) hängenlassen; b) platzenlassen; c) wiedersehen; d) zuvorkommen; e) stehen lassen; f) frei sprechen

4. Auch scheint Honnefelder nicht zu sehen, ~~das~~ dass die neuen Medien überhaupt nicht auf ~~Permanez~~ Permanenz angelegt sind. Die neuen Medien sind in erster Linie Kommunikationsmedien (Chatten, E-Mail, Blogs). Selbst dort, (!) wo sie auf eine gewisse Dauerhaftigkeit~~en~~ zielen, z. B. im Bereich der Internetlexika, liegt doch ~~Ihr~~ ihr immenser Vorteil in der schnellen Veränderbarkeit. Natürlich sind die Wikipedia-Einträge nicht in Stein gehauen. Wozu auch? Bis ein Autor mit Meißeln fertig ~~währe~~ wäre, könnte die Information schon veraltet sein. Das Internet-Lexikon Wikipedia ~~wiederlegt~~ widerlegt Honnefelder aber auch noch in einem zweiten Punkt. Es ist einfach nicht wahr, dass es im Internet keine Selektion gibt; nur dass sich Selektion dort in erster Linie als Kontrolle zeigt, (!) so können schlechte oder fehlerhafte Artikel bei Wikipedia von allen Nutzern ~~verbesssert~~ verbessert und korrigiert werden, das heißt, dass die alten Einträge ausselektiert werden.

5. **a) Korrigierter Satz:** Honnefelder schreibt: „Je mehr Internet jeden mit jedem verbindet, desto mehr Digitalkommunitäten werden möglich, aber die Öffentlichkeit droht verloren zu gehen." (Z. 35 f.)

   b) Korrigierter Satz: Honnefelder ist der Ansicht, dass „[d]as elektronische …" *oder* Honnefelder ist der Ansicht, dass das „elektronische …"

6. **a)** Honnefelder stellt die These auf, dass „[p]olitische Demokratie […] die Ausbildung öffentlicher Meinung [brauche]" (Z. 27 f.) *oder* Honnefelder stellt die These auf, dass politische „Demokratie […] die Ausbildung öffentlicher Meinung" brauche (Z. 27 f.).

   b) Honnefelder meint weiter, dass „ein Gemeinwesen [deshalb] bislang nicht ohne die Zeitung möglich [sei]" (Honnefelder, „Kultur braucht Auswahl", Z. 28 f.) *oder* Honnefelder meint weiter, dass „ein Gemeinwesen [deshalb] bislang nicht ohne die Zeitung möglich" sei (Honnefelder, „Kultur braucht Auswahl", Z. 28 f.).

Kapitel 9: Grammatik/Stil

›› Seite 62/63/64

1. **a)** Jenny sagte zu Peter, dass sie morgen zu ihm komme.

   b) Jenny sagte gestern zu Peter, dass sie heute zu ihm komme.

   c) Ich sagte gestern zu Peter, dass ich heute zu ihm käme.

   d) Jenny sagte mir gestern, dass sie heute zu mir komme.

   e) Jana fragte mich gestern, wann ich sie besuchen würde.

2. a) Gegenwart; b) Gegenwart; c) Vergangenheit; d) Gegenwart; e) Futur; f) Vergangenheit; g) Vergangenheit; h) Futur

3. **a)** Ich sagte, dass meine Freunde alle lange schlafen würden.
b) Er sagte, dass er Hunger habe.

›› Seite 64/65

4. Der Verfasser meint weiter, die Wahlfreiheiten des Einzelnen in Bezug auf die individuelle Lebensführung seien in vieler Hinsicht nicht nur größer geworden, sondern (~~seien~~) geradezu explodiert. Die Lebensführung und -gestaltung ~~würde~~ (= setze) sich aus einer Vielzahl von Möglichkeiten zusammen~~setzen~~. Von der Wohnungseinrichtung über die Kleidung bis zur Haarfrisur ~~wären~~ (= seien) die Optionen ins Feinste ausdifferenziert. Diese Vielzahl an Wahlmöglichkeiten ~~würde~~ (= überfordere) auf Dauer die Menschen ~~überfordern~~.

5. a) Objektsatz; b) Attributsatz; c) Subjektsatz; d) Adverbialsatz

» Seite 66/67

6. a) Sie waren unterwegs, bis der Morgen graute.

b) Er gelangte zur Perfektion, indem er viel übte.

c) Wenn Sie Bedarf haben/Wenn es nötig ist, wenden Sie sich bitte an Ihre Betreuer.

d) Obwohl sie intensive Gespräche führten/geführt hatten, konnten sie das Problem nicht lösen.

7. Satz 2 verweist mit „hierfür" (= Pronominaladverb) auf Satz 1. – Satz 3 verweist mit dem Demonstrativpronomen „diese" auf „Sinneswahrnehmungen", das Wort „Sinneswahrnehmungen" wird wiederholt. – Satz 4 stellt mit „Sehen" einen semantischen Bezug zu den „Augen" aus Satz 3 her. – Satz 5 verweist mit „darin" (= Pronominaladverb) auf Satz 4, „dieser Sinn" greift das „Sehen" wieder auf.

8. Schreibregel: Drücken Sie sich klar, eindeutig und unmissverständlich aus. Vermeiden Sie den zu häufigen Gebrauch des Wortes „ich". Setzen Sie abschwächende Ausdrücke wie „wahrscheinlich" oder „wohl" sparsam ein.

» Seite 68/69

9. a) Kennzeichen: elliptische Sätze („So ein Langweiler.", „aber sein Unterricht: Langeweile pur.", umgangssprachliche Ausdrücke (etwas los haben, echt, Job), sprachliche Verschleifungen („was" statt „etwas", „frag" statt „frage")

b) Kennzeichen: komplexes Satzgefüge (nur ein Satz), Fachwortschatz („mutwillig", „Brandmelder"), Nominalisierung („das Rauchen"), Komposita (Feuerwehreinsatzes), Attributhäufungen („die jeweilige verantwortliche Person", „die daraus resultierenden Kosten eines Feuerwehreinsatzes")

10. a) Auch wenn man Verträge gründlich liest, übersieht man oft sehr wichtige Details.

b) Ich halte es für sehr unklug von Jugendlichen, wenn sie Schulden machen.

c) Mit regelmäßigem Lernen kann man schlechte Schulleistungen vermeiden, weil man immer nur so gut ist wie die Vorbereitung.

d) Wenn man sich auf eine Klausur gründlich vorbereitet, braucht man sich keine Sorgen wegen eines schlechten Ergebnisses zu machen.

e) Die Schüler sind hier doch angepasster als anderswo und haben nur wenig Vertrauen zu den Lehrern.

11. Äußerung 1 a): parataktisch, Verbalstil – Äußerung 2 b): hypotaktisch, sachlich, Nominalstil

12. (eher) hypotaktisch, metaphorisch, Verbalstil

13. Auffallend viel kurze Sätze, meist Hauptsätze, einfache Wortwahl. Eine Metapher fällt auf: „Der trübe Fluss schmatzte,...". Der betont unkünstlerische Stil wirkt schon wieder künstlerisch geformt. Die Schreiberin verstößt bewusst gegen Regeln, indem sie keine Anführungszeichen bei der direkten Rede setzt und damit die Beiläufigkeit des Gesagten betont.

Kapitel 10: Referieren und Präsentieren

» Seite 70/71

1a. Worauf man bei der Themenwahl achten muss: Ein Thema sollte zunächst so gewählt sein, dass es im Rahmen eines 20- bis 30-minütigen Referats auch sinnvoll abgehandelt werden kann, d.h., es darf weder zu umfangreich (z.B. „Goethes Dramen") noch zu eng (z.B. „Zeichensetzung bei erweiterten Infinitivgruppen mit *zu*") gefasst sein. Das Thema sollte außerdem einen Unterrichtsbezug haben und auch für die Mitschüler interessant sein.

Von den genannten Themen kommt „Arthur Schnitzlers ‚Traumnovelle'" in Frage.

„Die Romantik" ist als Thema zu ungenau, „Lyrik vom Barock bis zum Expressionismus" zu umfangreich.

2a. Mögliche Aspekte könnten sein: Biografie des Autors, Entstehungszeit, historischer Kontext, literarischer Epochenkontext (Wiener Moderne, Literarischer Impressionismus), Gattung der Novelle (und ihre Geschichte) usw.

2b. Zusammenfassen lassen sich u.U. Entstehungszeit und literarischer Epochenkontext.

Wichtig ist hier, dass Sie sich überlegen, welche Aspekte sich eventuell bündeln lassen, damit die Stoffsammlung nicht zu kleinteilig wird.

» Seite 72/73

3a. Zur Novelle selbst bieten sich die Titel a) oder c), an, wobei Titel a) neuer ist. Zur Person Schnitzlers bietet sich Titel d) an. Das Buch ist zwar älter als Buch e); Buch e) ist aber mit 359 Seiten recht umfangreich. Wenig sagen lässt sich über die Titel b) und f), da aus den Angaben ihr Bezug zu Schnitzlers Novelle nicht hervorgeht.

3b. Hilfreich dürfte der Treffer a) sein. Wikipedia ist meist, auch wegen der Linkliste am Ende der Artikel, ein guter Ausgangspunkt für eine Internetrecherche.

Treffer b) und c) sagen noch nicht sonderlich viel aus, sollten aber auf alle Fälle genauer geprüft werden.

Treffer d) verweist auf den Volltext des Buches im Internet, enthält also keine weiterführenden Informationen.

Treffer e) kann ebenfalls ganz hilfreich sein. Die Adresse „dieterwunderlich" verweist allerdings auf eine Privatperson. Hinter der Seite steht also keine Institution, Gesellschaft oder Ähnliches.

Treffer f) und g) bringen vermutlich nicht weiter. Die Links führen entweder zu einem professionellen Buchanbieter oder zu einem Forum, in dem Buchtipps ausgetauscht werden.

3c. Vgl. dazu auch Aufgabe 3a.; Sie sollten dem Text zusätzlich die Informationen über den Inneren Monolog und die Thematik von Schnitzlers Erzählwerk entnommen haben (vgl. Z. 39–50).

» Seite 74

4a. Die Gliederung des Referats sollte so aussehen:

I. Einleitung

II. Arthur Schnitzler

II.1 Biografie des Autors

II.2 Epochenzentrum Wien

III. Schnitzlers „Traumnovelle"

III.1 Entstehungsgeschichte

III.2. Kurze Inhaltsangabe

III.3 Zentrale Themen

III.4 Gestaltungsweise

IV. Wirkungsgeschichte

V. Schluss

» Seite 74/75/76

5a. Computerprogramme:

- Vorteile: festgelegte, sichere Reihenfolge, entlastet den Vortragenden.
- Nachteile: keine spontanen Änderungen möglich; bindet stark die Aufmerksamkeit der Zuhörer.

Overheadprojektor:

- Vorteile: Darstellung kann jederzeit leicht ergänzt werden, spontane Änderungen der Reihenfolge möglich.
- Nachteile: Folien können verrutschen oder durcheinandergeraten; Folienteile, die nicht besprochen werden, sind oft sichtbar.

5b. Die Folie ist insgesamt gut gestaltet. Lediglich die Jahreszahlen und die Angaben dazu könnten noch größer gedruckt werden. Beachten Sie: Die Hinweise auf die Erzählung und den Roman sind nur dann sinnvoll, wenn man zu ihnen und ihrer Bedeutung für Schnitzlers Erzählwerk auch etwas sagen kann.

6a. Regeln für das Halten eines Referats: Keine (langen) Vorreden halten, direkt beginnen – Frei sprechen – Keine langen Sätze, für jede (wichtige) Information einen (Haupt-)Satz – Nicht zu lange darüber sprechen, worüber man sprechen wird – Nur so lange wie nötig sprechen

Darüber hinaus gilt:

1. Treten Sie ruhig und gelassen auch (soweit dies das Lampenfieber zulässt), vermeiden Sie übertriebene Gesten, Zupfen an der Kleidung, usw.

2. Suchen Sie Blickkontakt mit Ihrem Publikum.

3. Sprechen Sie laut, deutlich und nicht zu schnell. Bauen Sie immer wieder einmal eine kleine Pause ein (drei bis fünf Sekunden).

4. Erklären Sie seltenere Fachbegriffe bei ihrer ersten Verwendung und umschreiben Sie schwierige Sachverhalte mindestens ein zweites Mal mit anderen Worten.

5. Fassen Sie wichtige Inhalte am Ende eines inhaltlichen Abschnittes noch einmal mit anderen Worten kurz zusammen.